»Ich bin fünftausend Jahre jung«

Rose Ausländer

Zu ihrer Biographie
Von Helmut Braun

RADIUS

Neuausgabe 2006

ISBN 3-87173-357-1

Umschlag: André Baumeister
Gesamtherstellung: Clausen & Bosse, Leck
Printed in Germany

Inhalt

»Warum schreibe ich? Vielleicht, weil ich in Czernowitz zur Welt kam, weil die Welt in Czernowitz zu mir kam. Jene besondere Landschaft. Die besonderen Menschen. Märchen und Mythen lagen in der Luft, man atmete sie ein.«[1)]

Februar 1901

An einem Februarnachmittag des Jahres 1901 kommt es in Czernowitz zu einem schrecklichen Unfall. Das Kindermädchen der Familie Scherzer und der von ihr betreute erste Sohn des Ehepaares, der damals 18 Monate alt ist, werden beim Verlassen des Volksgartens von einem durchgehenden Pferdegespann niedergerannt und von dem schweren Fuhrwagen überrollt. Das Kindermädchen überlebt schwer verletzt; der kleine Junge stirbt noch an der Unfallstelle. Die Mutter des Jungen ist damals im sechsten Monat schwanger.

11. Mai 1901

Das »Ersatzkind« für den verlorenen Sohn, das Mädchen Rosalie Beatrice Scherzer wird am 11. Mai 1901 in Czernowitz, der Hauptstadt der Bukowina, damals österreichisches Kronland, geboren. Unbestreitbar; nicht 1907, 1912 oder gar 1918 wie behauptet und publiziert – ein Verwirrspiel, das von Rose Ausländer selbst nach Kräften gefördert wurde, beruhen doch alle diese Geburtsjahre auf Angaben, die sie irgendwann gemacht hat. Warum? War es weibliche Eitelkeit, wie gelegentlich vermutet? Versuchte sie einfach ein Stück Leben, nämlich die frühen Amerikajahre von 1921–1930, verschwinden zu lassen? War es die bestürzende Erfahrung, daß der alternde Mensch, besonders der alte Künstler, in einer auf Jugend fixierten Gesellschaft nur wenig zählt? Tatsache ist, daß sie durch ständiges Ändern des Geburtsjahres längere Zeit »50« blieb; Tatsache ist, daß bis Anfang 1980 ihre ersten beiden Amerikaaufenthalte nur wenigen Eingeweihten bekannt waren; Tatsache ist auch, daß sie selbst in einem Rundfunkgespräch geäußert hat: »Natürlich ist die soziale Lage des alternden und alten Menschen, somit auch des Schriftstellers, weit schwieriger als die des jungen. In unserer Zeit wird ja in erster Linie, ja, man darf sagen fast ausschließlich, die Jugend gefördert. Dies gilt besonders für den Lyriker. Der alte Schriftsteller oder Dichter, namentlich die Schriftstellerin, hat nur eine gute Chance, wenn er (oder sie) schon seit vielen Jahren »in« ist oder eine besonders sensationelle Neuheit anbietet.«[2] 1976 schreibt sie in einem Brief: » … am 4.3.[1976] wurde ich im WDR [Westdeutscher Rundfunk, Köln] die größte deutsche Lyrikerin der älteren Generation genannt. Ach, dieses Alter, das besonders uns Frauen übelgenommen wird!«[3] Eine präzise Antwort auf die Frage nach dem Spiel mit dem Geburtsjahr hat Rose Ausländer immer verweigert. Wahrscheinlich gab es ein Bündel von Motiven, wahrscheinlich haben alle aufgezählten und weiteren denkbaren Gründe ihren Anteil. Ihr amerikanischer Paß, ihre Anmeldung in der Stadt Düsseldorf und die vorliegende beglaubigte Abschrift der Geburtsurkunde belegen eindeutig den 11. Mai 1901 als Geburtstag, Geburtsmonat und Geburtsjahr.

Ihr Geburtshaus in Czernowitz stand in der Morariugasse Nr. 5 a am Rande des alten Judenviertels. Sie selbst verweist in einem Gedicht darauf: »Morariugasse / hier wohnen wir.«[4]

Sie ist die legitime Tochter des Sigmund Süssi Scherzer

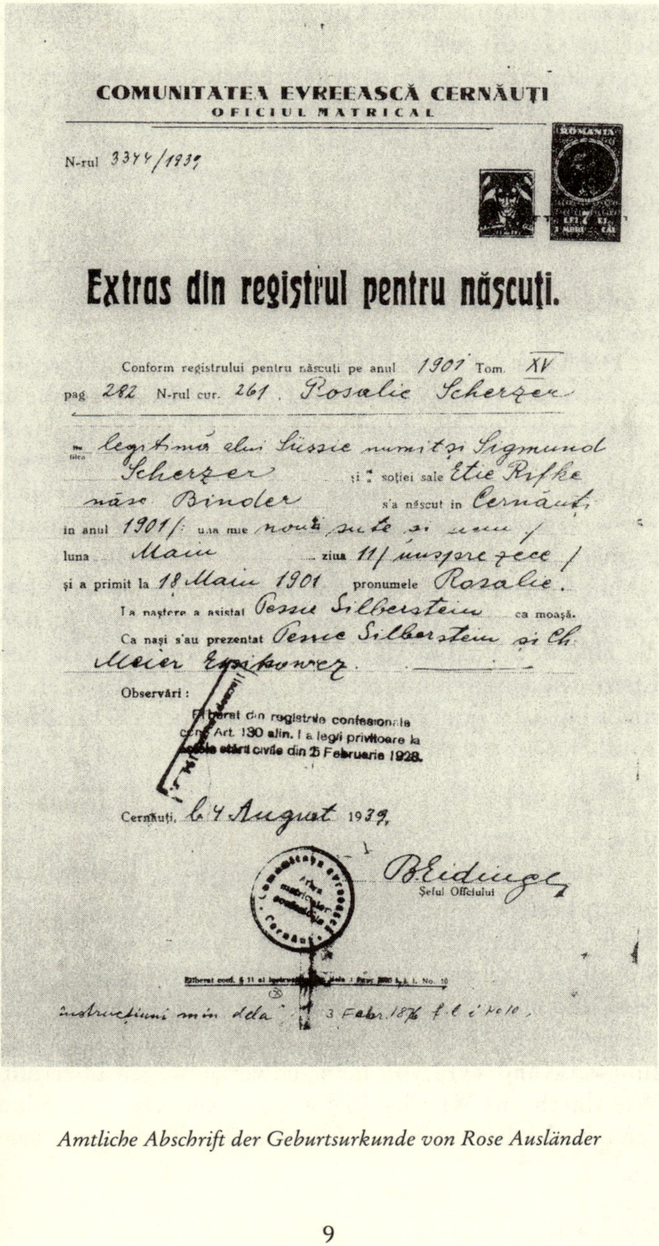

COMUNITATEA EVREEASCĂ CERNĂUŢI
OFICIUL MATRICAL

N-rul 3374/1939

Extras din registrul pentru născuţi.

Conform registrului pentru născuţi pe anul 1901 Tom. XV pag. 282 N-rul cur. 261. Rosalie Scherzer

fiica legitimă a lui Süssie numit şi Sigmund Scherzer şi a soţiei sale Etie Rifke născ. Binder s'a născut in Cernăuţi, in anul 1901/ una mie nouă sute şi unu / luna Maiu ziua 11/ unsprezece / şi a primit la 18 Maiu 1901 pronumele Rosalie.

La naştere a asistat Pessie Silberstein ca moaşă.

Ca naşi s'au prezentat Pessie Silberstein şi Ch. Meier Essikowez.

Observări:

Eliberat din registrele confesionale conf. Art. 130 alin. I a legii privitoare la actele stării civile din 25 Februarie 1928.

Cernăuţi, 24 August 1939.

B. Eidinger
Şeful Oficiului

Eliberat conf. § 11 al ... No. 10
instrucţiuni min. dela 3 Febr. 1876 f. l. i. 4010.

Amtliche Abschrift der Geburtsurkunde von Rose Ausländer

und seiner Ehefrau Kathi Etie Rifke Scherzer, geb. Binder. Bei der Geburt hilft als Hebamme Tessi Silberstein, die Urgroßmutter. Am 18. Mai 1901 erhält das Mädchen die Namen Rosalie Beatrice, später kommt als jüdischer Vorname Ruth hinzu. Die Veränderung des Vornamens zu »Rose« taucht bereits bei der Namensangabe zu ihren Gedichtveröffentlichungen in der New Yorker Volkszeitung 1929 auf. Was wohl zunächst nur als Künstlername gedacht war, wird spätestens Anfang der dreißiger Jahre – so weisen es erhaltene Briefe aus – zu ihrem gebräuchlichen Vornamen.

Der Vater wurde 1871 in Sadagora geboren. Er war jüdisch-orthodox erzogen, studierte beim Wunderrabbi in Sadagora, einer Kleinstadt nahe bei Czernowitz. Siebzehnjährig lernte er die Stadt Czernowitz kennen, »verliebte sich in sie / blieb an ihr haften.«[5)] Schließlich war er Kaufmann, Prokurist in einer Import/Export-Firma.

Die Mutter wurde am 21. 6. 1873 in Czernowitz geboren, ihre Familie kam aus Berlin. Verwandte vermittelten die Heirat, die am 6. März 1898 stattfand. 1906 wird den Eltern wieder ein Sohn geboren, Maximilian Scherzer. Er stirbt im Alter von 87 Jahren im November 1993 in New York.

1905

Die früheste Kindheitserinnerung der Rose Ausländer ist die an einen Unfall. Sie ist vier Jahre alt, als sie sich vor dem Wohnhaus stehend von der Hand ihrer Mutter losreißt und dem heimkehrenden Vater über die Straße entgegenläuft. Sie läuft direkt in ein dreispänniges Pferdefuhrwerk und wird von dem schweren Wagen überrollt. Wie durch ein Wunder bleibt sie unverletzt. Das Kind versteht das Entsetzen der Eltern nicht. Die Frage: »War-

Rosalie Scherzer im Alter von vier Jahren mit ihren Eltern beim Fotografen in Czernowitz.

um hast du das getan«? hat für sie eine ganz einfache Antwort: sie wollte zum Vater, den sie sehr liebt, wollte ihm entgegenlaufen, weil sie nicht abwarten konnte, daß er zu ihr kam.

1. September 1908

Von diesem Tage an besucht Rosalie Scherzer die Sechsklassige Kommunale Mädchen-Volksschule in Czernowitz (Landhausgasse). Im Nachlaß von Max Scherzer, der seit Oktober 1997 zugänglich ist, fanden sich die Zeugnisse aus allen sechs Schuljahren.

Das Abschlußzeugnis vom 30. 6. 1914 weist Rosalie als braves – Betragen: 1 – fleißiges – Fleiß: 1 – und kluges Kind – alle elf Fächer mit Note 1 – aus. Kein Wunder also, daß sie bereits am Ende des 5. Schuljahres für den Übergang in eine Mittelschule angemeldet wurde.

Diese Mittelschule besuchte sie vom September 1914 in Czernowitz, dann durch kriegsbedingte Vertreibung 1915 in Budapest und 1916 bis zum Abschluß Ende Juni jenes Jahres in Wien. Danach wechselt sie zur Germinal-Handelsschule der Wiener Kaufmannschaft. An dieser zweiklassigen Handelsschule für Mädchen verbleibt sie vom September 1916 bis zum 28. Juni 1918. Mit dem hervorragenden Abgangszeugnis erhält sie gleichzeitig den Nachweis der ordnungsgemäßen Beendigung des Lehrverhältnisses in einem Handelsgewerbe. Diese sorgfältige Ausbildung ist ihr in ihrem späteren Arbeitsleben in Czernowitz, Bukarest und New York von großem Nutzen.

In der Handelsschule erlernt sie wie damals üblich die Gabelsberger Stenoschrift in der Fassung von 1895. Diese Kurzschrift wird sie ihr Leben lang verwenden. Hunderte Gedichte in der Erstfassung, viele Briefentwürfe und Notizen liegen stenographiert in ihrem Nachlaß vor.[6)]

Rosalie Scherzer und ihr Bruder Max. Das Foto entstand anläßlich der Einschulung des Bruders.

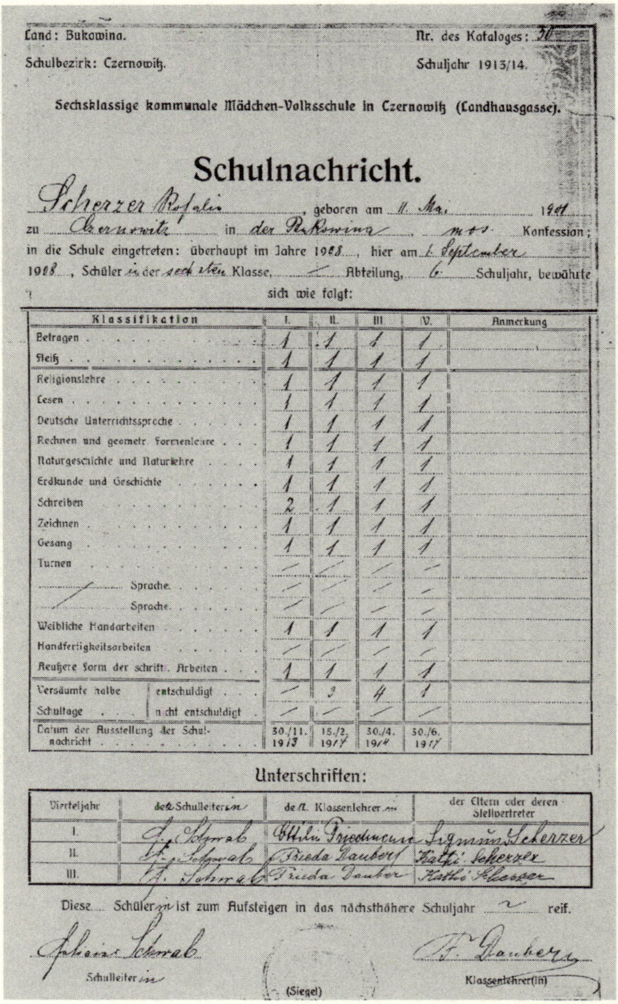

Land: Bukowina. Nr. des Kataloges: 30

Schulbezirk: Czernowitz. Schuljahr 1913/14.

Sechsklassige kommunale Mädchen-Volksschule in Czernowitz (Landhausgasse).

Schulnachricht.

Scherzer Rosalie, geboren am 11. Mai 1901 zu Czernowitz in der Bukowina, mos. Konfession; in die Schule eingetreten: überhaupt im Jahre 1908, hier am 1. September 1908, Schüler in der sechsten Klasse, — Abteilung, 6. Schuljahr, bewährte sich wie folgt:

Klassifikation	I.	II.	III.	IV.	Anmerkung
Betragen	1	1	1	1	
Fleiß	1	1	1	1	
Religionslehre	1	1	1	1	
Lesen	1	1	1	1	
Deutsche Unterrichtssprache	1	1	1	1	
Rechnen und geometr. Formenlehre	1	1	1	1	
Naturgeschichte und Naturlehre	1	1	1	1	
Erdkunde und Geschichte	1	1	1	1	
Schreiben	2	1	1	1	
Zeichnen	1	1	1	1	
Gesang	1	1	1	1	
Turnen	—	—	—	—	
— Sprache	—	—	—	—	
— Sprache	—	—	—	—	
Weibliche Handarbeiten	1	1	1	1	
Handfertigkeitsarbeiten	—	—	—	—	
Äußere Form der schriftl. Arbeiten	1	1	1	1	
Versäumte halbe Schultage: entschuldigt	—	3	4	1	
Versäumte halbe Schultage: nicht entschuldigt	—	—	—	—	
Datum der Ausstellung der Schulnachricht	30./11. 1913	15./2. 1914	30./4. 1914	30./6. 1914	

Unterschriften:

Vierteljahr	des Schulleiter in	des Klassenlehrer in	der Eltern oder deren Stellvertreter
I.	J. Schwab	Ottilie Friedmann	Sigmund Scherzer
II.	J. Schwab	Frieda Dauber	Kathi Scherzer
III.	J. Schwab	Frieda Dauber	Kathi Scherzer

Diese Schülerin ist zum Aufsteigen in das nächsthöhere Schuljahr reif.

Juliane Schwab — Schulleiterin

(Siegel)

F. Dauber — Klassenlehrer(in)

Das Abschlußzeugnis der Kommunalen Volksschule von Rosalie Scherzer im Jahre 1914.

August 1914

Im Ersten Weltkrieg ist Czernowitz heftig umkämpft. Die Stadt wird mehrfach von russischen Truppen besetzt und von österreichischen Truppen zurückerobert. 1915 flieht die Familie Scherzer vor den Kriegswirren über Budapest nach Wien, wo die Scherzers bei Verwandten Unterschlupf finden. Mit dieser Flucht endet die unbeschwerte Kinder- und Jugendzeit Rosalie Scherzers. Sie ist vierzehn Jahre alt, als sie das erste Mal fliehen muß. Die folgenden 54 Jahre ihres Lebens werden von Flucht, Vertreibung und häufigen Ortswechseln geprägt sein. Das Pendeln zwischen den Kontinenten Europa und Amerika wird die Konstante in ihrem Leben. Heimatlosigkeit, Exil, das unbehauste Existieren in der Fremde bestimmen große Teile des dichterischen Werkes, welches sie in vielen Jahren schaffen wird.

Während der Fluchtzeit in Wien beginnt die Schülerin Rosalie Scherzer zu schreiben. Sie führt Tagebuch, verfaßt Märchen und erste Gedichte. Schreiben als Antwort auf die erzwungene Veränderung? Als Versuch, die verlassene Heimat festzuhalten? Als Möglichkeit, im Schreiben einen eigenen, ungefährdeten Ort, einen Schutzraum, zu finden? Wir können nur Vermutungen anstellen. Die frühen Texte liegen uns nicht vor. Rose Ausländer sagte, sie seien ihr verloren gegangen.

Anfang 1919

Im November 1918 endet der Erste Weltkrieg. Österreich-Ungarn, die Monarchie, ist der große Verlierer, sie wird zerstückelt. Am 8. November 1918 ziehen die königlichen rumänischen Truppen in Czernowitz ein. Die Bukowina wird 1919 mit dem Vertrag von St. Germain mit Billigung der Siegermächte Rumänien zugeschlagen.

Rosalie Scherzer in Wien 1916.

1918 – Rosalie vor dem Abschlußball an der Germinal-Handelsschule in Wien.

Die Nationalisierung und Rumänisierung der Bukowina und insbesondere von Czernowitz beginnt. Den nach Österreich geflohenen Bukowinern wird von den Rumänen freigestellt zurückzukehren.

Damit ist automatisch die Annahme der rumänischen Staatsbürgerschaft verbunden. Sigmund Scherzer hatte sich drei Jahre lang vergeblich bemüht, in Wien eine Existenz aufzubauen. Eine materiell gesicherte Zukunft sieht er für sich und seine Familie deshalb nur in Czernowitz. Anfang 1919 kehrt er mit seiner Frau und seinen beiden Kindern in die Heimat zurück. Doch welch gravierende Veränderungen werden dort eingeleitet. War doch das Leben in der Bukowina und insbesondere in Czernowitz bis zum Beginn des Ersten Weltkrieges geprägt durch toleranten Umgang in einem multikulturellem Vielvölkerstaat. »Die etwa 160 000 Einwohner der Stadt Czernowitz setzten sich aus Deutschen, Ukrainern, Juden, Rumänen sowie Minderheiten von Polen und Madjaren zusammen. Eine buntschichtige Stadt, in der sich das germanische mit dem slawischen, lateinischen und jüdischen Kulturgut durchdrang.«[7] Gesprochen wurde rumänisch, deutsch, jiddisch und ruthenisch. Der Umgang der Menschen miteinander scheint über Jahrzehnte friedlich und voll Verständnis gewesen zu sein. Vielleicht findet sich in Czernowitz ein Vorläufer für die Stadt mit einer multikulturellen Gesellschaft, die wir heute als Zielvorstellung sehen. Insbesondere die jüdische Bevölkerung hatte Rechte, die ihr sonst in ganz Europa verweigert wurden. Der österreichische Kaiser Joseph II. hatte durch Dekrete diese Sonderstellung ermöglicht. Im Bestreben, eine Bevölkerungsgruppe im östlichsten seiner Kronländer fest an die österreichische Monarchie zu binden, gewährte er den Juden Rechte, die im Laufe der Zeit diese Volksgruppe mit der deutsch-österreichischen Volksgruppe gleichstellten. So durften die Juden Schulen besuchen und an der seit 1875 existierenden Universität studieren. Es gab auch eigene jiddische Schulen, die von den jüdischen Gemeinden unterhalten wurden. In der Berufsausübung waren sie keinen Beschränkungen unterworfen. Dies führte unter anderem dazu, daß in der Zwischenkriegszeit, also von 1920–1940, fast alle Ärzte und Rechtsanwälte in Czernowitz Juden waren. Die Juden konnten ihren Wohnsitz frei bestimmen, ein jüdisches Ghetto in der Stadt existierte nicht. In ihrer Glaubensausübung, egal ob liberal, orthodox oder chassidisch, waren die jüdischen Bürger keinen Beschränkungen unterworfen. Die Juden durften wählen und waren wählbar. Sie nutzten diese Rechte und waren politisch aktiv. Das Czernowitzer Kulturleben war wesentlich jüdisch geprägt, das Jüdische Haus eine herausragende Kulturstätte.

Viele jüdische Künstler traten in Czernowitz auf. Sänger, Musiker, Literaten fanden Unterstützung und Anerkennung, die ihnen anderenorts oft versagt wurden. Das kaiserliche Kalkül ging auf. Juden aus dem Altreich, aus Galizien und Bessarabien strömten in die Bukowina, sie stellten schließlich ein Drittel der Bevölkerung und zeichneten sich durch ihre besondere Treue zur österreichischen Monarchie aus. Zwar sprachen die vielen armen Juden, Handwerker, Arbeiter und kleinen Händler jiddisch; waren orthodox erzogen oder gar Chassidim, Anhänger der Wunderrabbidynastie in Sadagora. Aber die gebildeten und begüterten Juden, beides ging häufig Hand in Hand, sprachen deutsch und waren insgesamt bemüht, sich zu assimilieren. Viele jüdische Männer kämpften während des 1. Weltkrieges in der österreichischen Armee, manche waren Offiziere, manche wurden hochdekoriert. Die Juden versuchten besonders »gute« Österreicher zu sein.

Rumänien gebärdet sich als Nationalstaat, der die Abweichungen ethnischer oder kultureller Minderheiten nicht dulden will. Rumänisch wird als Amtssprache eingeführt, bis 1924 neben der deutschen Sprache, ab 1924 als einzige Amtssprache. Die Unterrichtssprache an der Universität wird rumänisch, als Schulsprache darf nur noch rumänisch gesprochen werden. 1928 existiert in der ganzen Bukowina nur noch eine deutsche Volksschule. Am 2. Januar 1922 stürmen rumänische Studenten das Theater der Stadt und erklären es zum rumänischen Nationaltheater. Diese von staatlicher Seite geduldete, vermutlich sogar geförderte Aktion vertreibt deutsch- oder jiddischsprachige Stücke aus dem Theater. Hierfür stehen künftig nur noch das Gebäude des Musikvereins, das Deutsche Haus und das Jüdische Haus zur Verfügung.

Durch rigide, ungerechte Notengebung werden die meisten jüdischen Schüler gehindert, ein Studium an der Universität aufzunehmen. Dies geschieht so kraß, daß es Mitte der zwanziger Jahre zum Aufstand jüdischer Schüler und ihrer Eltern in Czernowitz kommt. Im folgenden Prozeß wird der »Rädelsführer« zwar freigesprochen, aber unmittelbar danach durch einen fanatisierten rumänischen Studenten ermordet.

Die aufgeführten Beispiele zeigen die allgemeine Lage in der Bukowina in der Zwischenkriegszeit. Die Verdrängung der deutschen Muttersprache, der Verlust des seinerzeit vorbildlich geförderten habsburgischen Schulsystems, die Drangsalierung des traditionell tolerantliberalen Kulturgeistes, die korrupte neue Verwaltung und ihre Behörden und schließlich die Weltwirtschaftskrise führen zu mehreren Auswanderungswellen insbesondere in die USA. Die Angehörigen der Minderheiten machen dabei die Mehrheit der Auswanderer aus. Die zurückbleibende deutsch- und jiddischsprachige Bevölkerung gerät in einen hinhaltenden Widerstand, in eine Art »innere Emigration«.

Sommer 1919

In Czernowitz »sammelt« der Mittelschullehrer Dr. Friedrich Kettner junge Menschen um sich, insbesondere Schüler und Studenten, die ihm durch ihr Interesse an Philosophie aufgefallen sind, und die sich unter seiner Leitung einmal wöchentlich treffen, um sich intensiv mit den Lehren Platons, Spinozas und insbesondere mit den Lehren des damals in Potsdam bei Berlin lebenden jüdischen Philosophen Constantin Brunner zu befassen. Kettner nennt die rund 180 Mitglieder dieses Kreises »Seminaristen«. Später spricht man deshalb in erinnernden Texten vom »Ethischen Seminar« in Czernowitz.

Brunner veröffentlichte ein umfangreiches Werk, welches auch heute noch, dank der Bemühungen der Constantin-Brunner-Stiftung, präsent ist. Brunner lehrte niemals an einer Universität, er wirkte über seine Schriften und über Studienkreise, die er allerdings niemals selbst leitete.

Viele Zuhörer finden sich an den Seminarabenden in Czernowitz ein. Dort lernt Rosalie Scherzer auch ihren späteren Ehemann, Ignaz Ausländer, kennen. Nach Erinnerung von Leo Sonntag, einem guten Bekannten von Rose Ausländer, gehört diese bereits zu den ersten Mitgliedern des Ethischen Seminares. Der Gründung des Ethischen Seminares in Czernowitz folgen innerhalb weniger Jahre die Gründungen von Constantin-Brunner-Studienkreisen in Sereth und Radautz, in Wien, Bukarest, Krakau und Kolomea.

Die Lehre Brunners hinterläßt bei Rose Ausländer tiefe Eindrücke, er prägt ihre Weltsicht und gibt ihr ein theoretisches Fundament für ihre Dichtung – »die Wahlphilosophen Benedikt Spinoza (der sich seinen Lebensunterhalt als Brillenschleifer verdiente) und der große Berliner Denker Constantin Brunner haben meinem Denken ein Fundament gegeben.«[8)] – Da Brunner stark auf Spinoza fußt, ist es schwierig, im Werk der Rose Ausländer klare Zuordnungen zu Spinoza oder zu Brunner zu treffen, hier bleibt noch ein weites Feld für literaturwissenschaftlich-philosophische Arbeit. Wie nachhaltig sie sich immer wieder mit Brunner auseinandersetzt, zeigen Ereignisse in der Folgezeit ihres Lebens. Als sie sich gemeinsam mit Ignaz Ausländer im Juli 1923 in New York niederläßt und dort neben anderen Bukowinern auch Dr. Walter Bernard kennenlernt, der ihr bis dahin aus Briefkontakten als Mitglied des Brunner-Kreises in Sereth bekannt ist, beschließen Walter Bernard, Rosalie Scherzer und Ignaz Ausländer, einen Brunner-Studienkreis auch in New York zu gründen. Dieser Kreis, dem sich weitere deutschsprachige Einwanderer anschließen, wird zeitweise von Kettner geleitet. Das Ethische Seminar in Czernowitz hatte sich in der 2. Jahreshälfte 1923 aufgelöst. Kettner werden unter anderem der Selbstmord einer Seminarteilnehmerin sowie der »Wahnsinn« zweier männlicher Seminaristen angelastet. Schwerwiegender für die Seminarteilnehmer ist allerdings, daß Kettner versucht, eine eigene Philosophie zu entwickeln, diese lehrt und sich mit einem Geniekult umgibt. Daraufhin distanziert sich Brunner von ihm, und das Ethische Seminar löst sich auf. Kettner wandert nach New York aus. Die Brunnerianer in New York sind von den Vorfällen in Czernowitz nicht unterrichtet und werden zudem durch Empfehlungen Eli Rottners, einen der führenden Seminaristen in Czernowitz, und Brunners selbst bestärkt, Kettner die Leitung des Brunner-Studienkreises mit mittlerweile 200 Mitgliedern zu übertragen. Kettner nutzt den New Yorker Kreis, um seine eigene Philosophie zu verbreiten und sich an Spenden der Mitglieder, die er für alle möglichen guten Zwecke einsammelt, zu bereichern. Erst als sich Ignaz Ausländer im Februar 1924 an Brunner direkt wendet und nachfragt, was es mit Kettners Philosophie auf sich habe, macht Brunner in einem Brief vom 24. 3. 1924 klar, daß er sich längst von

Der Philosoph Constantin Brunner im Jahre 1922.

Kettner distanziert hat und Kettner auch nicht mehr durch ihn die Autorisierung hat, die brunnersche Lehre weiter zu verbreiten. Trotzdem gibt es zu Kettner später in Czernowitz keine einheitliche Meinung. Alfred Kittner, in den zwanziger und dreißiger Jahren in Czernowitz als Redakteur tätig, nennt ihn einfach einen »Scharlatan und Verführer junger Menschen«;[9] Eli Rottner qualifiziert ihn in seinem 1973 erschienenen Buch »Das Ethische Seminar in Czernowitz«[10] vollkommen ab; in der Czernowitzer Zeitung wird er jedoch 1934 wegen angeblicher Erfolge als Leiter einer Spinoza-Stiftung in New York und als Autor philosophischer Schriften im Rahmen einer Serie »Große Czernowitzer in New York« gefeiert.

1924 beginnt auch ein Briefwechsel zwischen Brunner und Rose Ausländer sowie zwischen ihr und Brunners Stieftochter Lotte. Zehn der Briefe Brunners und sechs der Briefe Lotte Brunners sind erhalten geblieben. Rose Ausländer übergibt die Originale am 22. Oktober 1968 dem Leo-Baeck-Institut in New York für die dort vorhandene Brunner-Sammlung.

Brunner schreibt an Rose Ausländer »Mein liebes Kind Rosa«, sie antwortet »Verehrter Meister«.[11] Brunner nimmt auch Anteil an ihrem dichterischen Schaffen. Sie legt ihren Briefen Gedichte bei. So einmal 1926 ein Gedicht, welches sie nach einem Besuch der Niagara-Fälle am 27. und 28. Juli 1926 verfaßt hat. Er ist begeistert und antwortet: »Als ich dieses Gedicht las, habe ich im Geiste neben Dir gestanden und die Wassermassen stürzen sehen«.[12]

Zu Lotte Brunner entsteht eine Freundschaft. Ein Höhepunkt der Verbindung zu Brunners, die durch Rose Ausländer auch mehrere Jahre lang finanziell unterstützt werden, ist sicher der vierwöchige Besuch von ihr in Potsdam 1927.

Sie gilt in Czernowitz als Philosophieexpertin und schreibt deshalb 1934 einen Aufsatz zu einer Spinoza-

Festschrift im Czernowitzer Morgenblatt.[13] Zur selben Zeit schließt sie sich dem Brunner-Kreis in Bukarest an, der von Dr. Lothar Bickel geleitet wird. Noch am 28. August 1943 schreibt sie in Zeiten akuter Lebensbedrohung anläßlich des 6. Todestages von Brunner eine Betrachtung zu dessen Philosophie unter dem Aspekt aktueller Lebenshilfe.[14] Und 1947 gründet sie in New York erneut, diesmal mit Abraham Suhl und anderen, einen Brunner-Kreis, der bis zum Tode Suhls 1959 bestanden hat. Nach Deutschland zurückgekehrt, bleibt sie bis Anfang der siebziger Jahre in Kontakt mit ehemaligen Seminaristen aus Czernowitz und im Austausch mit der Constantin-Brunner-Stiftung. In Ihrem Nachlaß befinden sich etliche Brunner-Werke. Wie lange sie sich damit befaßte, wissen wir nicht. Wir können aber davon ausgehen, daß ihr durch die jahrzehntelange Beschäftigung mit dieser Philosophie und durch die enge Verknüpfung mit wichtigsten Ereignissen aus ihrem Leben, wie Studium, Heirat, Trennung, Shoa, Exil, Brunners Lehre bis zum Ende ihres Schreibens präsent war.

1. April 1920

Rosalie Scherzer tritt ihre – vermutlich – erste Arbeitsstelle bei Dr. Markus Schmetterling, einem Landes- und Gerichtsadvokaten in Czernowitz, an. Obwohl es im Arbeitszeugnis heißt: »Frl. Scherzer hat ganz hervorragende Dienste als Maschinenschreiberin, Stenographin geleistet und auch die Bücher fachgemäß geführt … «, scheidet sie auf eigenen Wunsch Ende August 1920 »freiwillig … zum Bedauern des Gefertigten« aus dieser Stellung aus. Eine weitere Arbeitsstelle in Czernowitz ist zur Zeit nicht belegbar; die Gründe für das Ausscheiden sind unbekannt.

Sommersemester 1920

Im Sommersemester 1920 beginnt Rosalie Scherzer als Gasthörerin das »Studium« der Philosophie und der Literatur an der Universität in Czernowitz. In jenem Semester belegt sie unter anderem bei dem Universitätsprofessor Carl Siegel ein Seminar über Platon. Nach dem Wintersemester 1920/21 bricht sie das Gaststudium ab und wandert in die USA aus.

8. Mai 1920

An diesem Tage stellt Rosalie Scherzer eine Seminararbeit aus ihrem Studium, einen Aufsatz zu Phaidros von Platon, im Ethischen Seminar vor. Der Text in seiner 1. Fassung ist vorhanden.[15)] In einer Karte, die Lothar Bickel an Rose Ausländer schreibt, heißt es: »Denkst du noch zuweilen an jenen 8. Mai [1920] in der Str. Paleologen [hier war in der Mittelschule, an der Kettner Deutschlehrer war, das Ethische Seminar untergebracht], wo wir, bei bereits angebrochenem Morgen über den Phaidros und die künstlerische Inspiration sprachen?«[16)] In ihrem Aufsatz hat Rosalie Scherzer den Begriff »Amor Dei« als »schöpferischen Trieb zur Wahrheit« interpretiert. Sie entspricht damit dem von Brunner vorgestellten Endziel der Wahrheit des Lebens und Denkens. In einem nur kurze Zeit später entstandenen Gedicht »Amor Dei«[17)] – vielleicht die ersten uns bekannten Verse der Dichterin – setzt sie sich mit demselben Thema auseinander.

September 1920

Im Alter von nicht einmal fünfzig Jahren stirbt der Vater der Lyrikerin. Rose Ausländers Bruder Max Scherzer schreibt im Februar 1982 in einem Brief: »Was den Tod meines Vaters betrifft und soviel ich mich nach so langer Zeit erinnern kann, so war mein Vater so kaisertreu, daß er den Zerfall der österreich-ungarischen Monarchie nicht verschmerzen konnte und einige Zeit nach dem Ersten Weltkrieg starb.« [18] Laut Rose Ausländer bleibt festzuhalten: Der Vater stirbt an den Folgen einer Lungenentzündung; er wird auf dem jüdischen Friedhof in Czernowitz beerdigt.

Zwischenzeitlich liegen Hinweise vor, daß der Vater bereits längere Zeit an Tuberkulose erkrankt war. Unter anderem hielt er sich das erste Halbjahr 1914 zur Behandlung im Sanatorium Rosenhügel in Wien auf.

Mit dem Tod des Vaters enden die trotz Krieg und Vertreibung glücklichen Kinder- und Jugendjahre der Rosalie. Bis dahin war sie eingebettet in eine anscheinend intakte, liebevolle Familie. Sie konnte in einer angenehmen, kulturbewußten Umwelt aufwachsen und erwachsen werden. Sie selbst hat später diese Zeit als die einzige ihres Lebens bezeichnet, in der sie wirklich uneingeschränkt glücklich war. In vielen Gedichten erinnert sie sich an die Eltern, die Mitmenschen, die Kinder, mit denen sie spielte, an Ausflüge und Erlebnisse der Kindheit, an die Landschaften, die Berge, die Buchenwälder, den Pruth, die Dörfer, an das eigene Hündchen, an die vier Sprachen, die in Czernowitz gesprochen wurden, an das soziale und kulturelle Miteinander der Bürger in Czernowitz. Sie beschreibt und beschwört eine Idylle, die untergegangen ist, und wird mit diesen Texten zur großen Dichterin der Bukowina.

Nach dem Tod des Vaters kann die Mutter allein die Familie nicht mehr ernähren. Sie drängt ihre Tochter, die anscheinend in der schlechten wirtschaftlichen Nachkriegssituation in Czernowitz keine Arbeit findet, zur Auswanderung in die USA. Nach einer Angabe von Alfred Kittner, einem Zeitgenossen und langjährigen guten

Bekannten der Dichterin, erfolgt diese Auswanderung wegen bitterster Not der Familie. Die in den damaligen Jahren nicht ungewöhnliche Lösung wird vermutlich dadurch akzeptabel, daß die Familie Scherzer bereits Verwandte in den USA hat, die bereit sind, die junge Frau für eine Übergangszeit bei sich aufzunehmen. Trotzdem begreift die Tochter die Entscheidung der Mutter als ein Verstoßenwerden. So kurz nach dem Verlust des Vaters kommt durch die Auswanderung sowohl Heimat- als auch Mutterverlust hinzu. Sie erwartet Mutterliebe als einen Impuls, ein Kind an sich zu ziehen und es zu halten; statt dessen wird sie weggestoßen. Ihre Reaktion besteht in einem besonders ausgeprägten Leiden an der Fremde und in einem reflexhaften Beschwören der Mutterliebe in vielen Gedichten. »Die Mutter strömt mir ins Gefühl, ich kann mich nicht gewöhnen« schreibt sie 1925.[19)] Es ist, als wolle sie die entgangene Mutterliebe mit ihrem Schreiben herbeizwingen oder herbeizaubern. Sie selbst wird in ihrem weiteren Leben die Bindung an die Mutter immer wieder suchen und herstellen, so etwa als die Mutter 1927 an Herzasthma erkrankt und häufig der Pflege bedarf. Einem derartigen Hilferuf der Mutter folgt sie sogar, als es ihr bereits mit Unterstützung amerikanischer Freunde gelungen ist, 1939 nach New York einzureisen und sich damit den zu erwartenden Verfolgungen durch Hitlerdeutschland und seinem späteren Verbündeten Rumänien zu entziehen. Die Mutter braucht Hilfe, die Tochter kehrt zurück, die Gefahr mißachtend.

1. April 1921

Rosalie Scherzer und ihr Freund Ignaz Ausländer verlassen das Auswanderungsschiff in New York und betreten Ellis Island, die Station, die alle Einwanderer, die in die USA einreisen wollen, durchlaufen müssen.

Dieses Paßfoto ließ Rose Scherzer 1921 für den Einwanderungsantrag in die USA anfertigen.

Die Immigrationsstation liegt auf einer Insel vor dem New Yorker Hafen, in Sichtweite der Statue of Liberty. Einwanderer, die abgewiesen werden, müssen auf ihre Schiffe zurückkehren. Sie betreten New York und damit die USA nicht. Die Immigranten werden verpflegt, sie können sich waschen und schlafen. Nach der wenig komfortablen Überfahrt auf den überfüllten Auswanderungsschiffen kommt Ellis Island vielen meist bitterarmen Menschen wie ein Schlaraffenland vor. Ihre auch deshalb hochgespannten Erwartungen auf Amerika werden oft bitter enttäuscht. Sie werden ärztlich untersucht, ernstlich kranke Menschen dürfen nicht einreisen, und sie werden registriert, den Länderkontingenten zugeordnet. Nach dem 1. Weltkrieg schwappen immer größere Einwanderungswellen aus Europa herüber. Die USA führen deshalb erstmals 1919 sogenannte Einwanderungskontingente bezogen auf einzelne Länder ein. Das heißt, in jedem Jahr darf nur eine begrenzte Zahl von Deutschen, Österreichern, Rumänen, Italienern, Spaniern usw. einreisen. Ist das Einwanderungskontingent eines Landes im jeweiligen Jahr ausgeschöpft, müssen später ankommende Einwanderer umkehren. Sie können versuchen, im Folgejahr wiederzukommen; was jedoch in den meisten Fällen aus finanziellen Gründen kaum möglich ist. In den zwanziger und dreißiger Jahren werden die Einwandererkontingente immer stärker begrenzt, so daß der Zuzug ab Mitte der dreißiger Jahre fast unmöglich wird. Diese abwehrende Haltung geben die USA auch gegenüber den aus Nazideutschland flüchtenden Juden nicht auf. Viele von ihnen sitzen deshalb in Frankreich, Portugal oder Spanien fest und werden Opfer der Shoa.

Im April 1921 ist das Einwandererkontingent für Rumänien noch nicht ausgeschöpft, obwohl viele Angehörige der unter Druck geratenden Minderheiten die Auswanderung in die USA versuchen. Rosalie Scherzer und Ignaz Ausländer dürfen einreisen. Ihr Weg führt sie nach

Die erste Wohnung in New York im Jüdischen Viertel an der Lower East Side

Winona, einer Kleinstadt am Mississippi. »Den sanften Namen Winona / verdankst du der Legende vom Indianermädchen / das sich vom Felsen stürzte / aus verschmähter Liebe«.[20] Die Verwandten geben für eine kurze Zeit die erhoffte Überbrückungshilfe. Dann findet Rosalie Arbeit zunächst in der J.R. Watkins Company und dann »... for almost two years ...« als Hilfsredakteurin und Sekretärin bei der deutschsprachigen Wochenzeitung »Westlicher Herold«, deren Herausgeber Emil Leisten ist. Kurze Zeit später wird ihr auch als Redakteurin die Betreuung der Anthologie »Amerika Herold Kalender« übertragen. Diese Aufgabe erfüllt sie von 1922 bis 1926, zuerst neben ihrer Tätigkeit bei der Zeitschrift, später in New York neben der Tätigkeit in einer Bank. In den Jahrgängen 1923–1927 dieser Anthologie hat sie erstmals eigene Gedichte veröffentlicht.[21]

4. Juli 1923

Rosalie Scherzer und Ignaz Ausländer, der sich in den USA Irving nennt, übersiedeln nach New York. Sie bezieht eine kleine Wohnung in 140 East 16. Straße nahe am Eastriver. Es ist ein schmales Backsteinhaus, mit Feuerleitern an der Fassade. Damals stand es mitten im alten Judenviertel. Die Häuser stehen noch heute, aber die jüdischen Bewohner haben das Viertel verlassen. Die wohlhabenden Juden sind an den Rand von New York nach Great Neck gezogen, die anderen haben sich in einem Viertel nahe bei Harlem und in Brooklyn niedergelassen. Chinesen sind nachgerückt. Chinatown wuchert und breitet sich aus in der Stadt New York. Ignaz Ausländer bezieht für kurze Zeit ein Zimmer in 240 East 21. Straße. Er findet Arbeit als Leiter einer Automobilgarage.

Beide haben keine Sprachschwierigkeiten. Zwischenzeitlich haben sie Englisch gelernt, außerdem sprechen viele Menschen in New York Deutsch, und die 2,5 Millionen Juden können sich in ihrer »Universalsprache« auf jiddisch verständigen.

19. Oktober 1923

Rose und Irving heiraten im Rathausgebäude von Manhattan. Gemeinsam mit den Trauzeugen lassen sie sich anschließend fotografieren. Da die Eheleute kaum Geld haben, fällt die Hochzeit klein aus.

Die beiden haben sich vom Judentum als Religion gelöst. Äußeres Zeichen hierfür ist, daß nur eine standesamtliche Trauung stattfindet. Rose Ausländer wird nicht nach religiösem jüdischen Ritus getraut. Sehr wohl bekennen sich aber beide zum jüdischen Volk, schon die – nicht notwendige – Ansiedlung im jüdischen Viertel von New York macht dies deutlich.

Ignaz zieht in die Wohnung seiner Frau. Rose Ausländer findet Arbeit in einer Bank. Die Bowery Savings Bank auf der Bowery Street Nr. 130 ist die »große, graue Bankfabrik«, aus deren Fenster ihr »sehnsuchtsvolles Schauen« auf »rußgeschwärzte Mauern«[22] fällt. Die hervorragend restaurierte Bank wirkt auf uns heute allerdings eher wie ein Geldpalast. Von hohen Säulen gesäumte Eingänge führen in eine riesige Schalterhalle, das Licht fällt durch eine jugendstilartig gestaltete Glaskuppel auf die Arbeitsplätze, prunkvoll verzierte Treppen geleiten in Seitenetagen. Vor dem großen Geld sollte der Bankkunde ganz klein aussehen. Das Gebäude gehört zu den »Registered Landmarks« und wird deshalb durch die Stadt New York ständig restauriert und gepflegt.

Viele Amerikagedichte Rose Ausländers berichten sehr konkret. Hier auf der Bowery, unmittelbar neben dem Bankgebäude, befinden sich die großen Obdachlosenasyle, wo jeder für einen Dime pro Nacht ein Bett und eine Suppe erhält, hier werden die auf der Straße liegenden Menschen hinweggefegt wie ein »Häufchen Dreck«.[23] Nur wenige Meter von der Bank entfernt befindet sich die Subwayhaltestelle am unteren Broadway, dort stürzt sich die junge Frau täglich in die »Tiefbahnmassengruft«.[24] Noch bis zu ihrem Tode unterhält die Dichterin ein Sparkonto bei der Filiale der Bowery Savings Bank in der Bowery Street Nr. 130. Das Sparbuch ist heute im Besitz der Erben.

Eine weitere nachweisbare Arbeitsstelle hat Rose Ausländer im Bankhaus Wilhelm Gersie im Woolworth Building über einen Zeitraum von mehreren Jahren.

Rose und Ignaz finden schnell Anschluß an das von Czernowitzer Juden in New York gegründete Bukowiner Sozial- und Kulturwerk, an den Gesellig-Wissenschaftlichen Verein von New York, den Constantin-Brunner-Kreis begründen sie mit. Freundschaften, die damals entstehen, halten fast ein Leben lang. Mit Walter Bernard zum Beispiel ist Rose Ausländer bis 1975 in Kontakt.

In der jungen Ehe kriselt es bald, selbst Constantin Brunner versucht brieflich zu raten und zu kitten. Aus dem Jahre 1924 ist ein Foto vorhanden, welches Rose und Ignaz Ausländer zeigt. Sie, eine junge, schöne Frau, sitzt auf einem Stuhl, Beine und Hände verschränkt, den Blick in die Ferne gerichtet; er, ein schüchtern wirkender junger Mann, kniet demütig hinter ihr, den Blick zur Erde gesenkt. Hier haben sich zwei zusammengefunden, die offensichtlich nicht zusammengehören – ist es ein Reflex auf den Verlust der Heimat, ein sich in der Fremde zusammenschließen, um weniger fremd zu sein? Haben sie geheiratet, weil jeder für den anderen in seiner Person für Heimat steht; wollen sie sich so die Wärme vermitteln, die Heimat erzeugt? Dieser Versuch muß scheitern, zu verschieden sind die beiden.

1924 lernt Rose Ausländer Alfred Margul-Sperber

In der Bowery Savings Bank in New York arbeitete Rose Ausländer ab 1923.

kennen, der zur damaligen Zeit Prokurist bei der Bowery Savings Bank und Leiter des Bukowiner Kulturwerkes ist. Er wird in den folgenden Jahren ihr eifrigster Förderer. Als er 1925 New York verläßt, nimmt er Gedichte von Rose Ausländer mit und schreibt schon 1928 im Czernowitzer Morgenblatt, daß eine der größten dichterischen Begabung, die ihm bekannt sei, zweifelsohne Rose Ausländer wäre. Er stellt sie bereits damals auf eine Stufe mit Else Lasker-Schüler.[25)]

4. November 1926

Nach fünfjährigem Aufenthalt in den USA nehmen Rose und Irving Ausländer die amerikanische Staatsbürgerschaft an. Offensichtlich planen sie, sich auf Dauer in den USA aufzuhalten. Ihr wird als eingebürgerter Amerikanerin die Registrierungsnummer 2378754 von der Einwanderungsbehörde zugeteilt. Im November 1926 reisen beide nach Czernowitz. Bevor sie amerikanische Staatsbürger wurden, konnten sie diesen Besuch nicht wagen, da sie fürchteten, als Ausländer Opfer der Einwanderungskontingente zu werden und nicht wieder in die USA zurückreisen zu dürfen. Nun aber ist dieses Hindernis entfallen. Das langersehnte Wiedersehen mit der Mutter, dem Bruder, Freunden und Bekannten kann endlich stattfinden.

5. Dezember 1926

Brieflich bittet Lotte Brunner, eine Probe ihrer Handschrift Helios Hecht, einem Graphologen in Czernowitz, zuzuleiten. Hecht, der auch als Kulturjournalist und Herausgeber von Zeitschriften tätig ist, hat einen guten Ruf als Graphologe. Er arbeitet in dieser Funktion sogar für den

Rose Ausländer und ihr Mann Ignaz 1924 auf Long Island.

rumänischen König. Er publiziert unter anderem graphologische Gutachten in regelmäßigen Kolumnen verschiedener Zeitungen aufgrund von Handschriften, die ihm interessierte Personen zur Verfügung stellen. Lotte Brunner kennt diese Gutachten Hechts aus der Zeitschrift »Die Welt. Moderne illustrierte Wochenschrift für das deutsche Volk«, die von 1913–1933 in Berlin erscheint.[26)]

Sie will ein solches Gutachten. Sie will aber auch gegenüber Hecht anonym bleiben. Deshalb wählt sie den Weg, als Botin Rose Ausländer einzuschalten. Diese kommt der Bitte nach und überbringt Helios Hecht die anonyme Handschrift. Bei dieser Gelegenheit lernt sie ihn kennen, und wie ein Blitz trifft sie die Liebe zu dem um 14 Jahre älteren Mann. Emanuel Hacken, ein Freund seit jenen Jahren, erinnert sich 1992 in New York: »Als sie liebte, liebte sie total. Ihr war jedes Mittel recht, ihre Liebe zu erfüllen. Daß Hecht verheiratet war, war ihr egal, daß sie verheiratet war, war ihr egal. Sie liebte schrankenlos und ohne Kompromiß.«[27)] Sofort trennt sie sich von Ignaz Ausländer, der vier Monate später allein nach New York zurückreist. Mit Hecht, der sich von seiner Ehefrau Lucy trennt, bezieht sie eine gemeinsame Wohnung. Er ist die große Liebe ihres Lebens.

Am 12. 2. 27 bedankt sich Lotte Brunner brieflich bei Rose Ausländer: » … für die Besorgung der Schriftprobe an H.«, und am Karfreitag [1927] schreibt sie: »… Die Skizze von H. ist leider vollendet unzutreffend. Schade nur darum, weil mich die Art seiner psychologischen Betrachtungen in der Zeitschrift sehr anzog und ich infolgedessen enttäuscht bin.«[28)]

Ende 1928

Rose Ausländer kehrt nach New York zurück. Hecht, der bereits vor dem 1. Weltkrieg zehn Jahre lang in den USA lebte, begleitet sie. Sie will sich von Ignaz Ausländer scheiden lassen. Nach damaligem amerikanischem Recht kann sie nur an dem Ort geschieden werden, an dem sie auch geheiratet hat.

Am 2. Februar 1929 reicht ihr Anwalt die Scheidungsklage beim Obersten Gericht in Manhattan ein.

Sie schreibt intensiv Gedichte und vollendet ihren Zyklus »New York«, der später in Einzelveröffentlichungen teilweise in der Czernowitzer Zeitung »Der Tag« publiziert wird. Soweit die Manuskripte erhalten blieben, sind sie im Band 1 der Gesammelten Werke veröffentlicht.[29)]

22. November 1929

Das Gedicht »Der Spiegel« erscheint als erste Publikation Rose Ausländers in der New Yorker Volkszeitung. In der Folge erscheinen Gedichte und Feuilletons von ihr über das ganze Jahr 1930 in der New Yorker Volkszeitung, im Sonntagsblatt der New Yorker Volkszeitung und im Vorwärts.[30)] Auch in alle anderen Lokalausgaben dieser Zeitungen in den USA werden die Texte der Dichterin übernommen. Diese deutschsprachigen Zeitungen stehen der Sozialdemokratischen Partei Deutschlands nahe und werden finanziell aus Deutschland unterstützt. Sie haben eine Gesamtauflage von mehr als einer Million Exemplaren und erreichen mehrere Millionen deutschsprachige Leser. Erstmals hat Rose Ausländer die Chance, mit ihren Gedichten »bekannt« zu werden. Auch Hecht publiziert in den genannten Zeitungen. Er veröffentlicht Feuilletons und hat eine feste graphologische Kolumne. Es steht zu vermuten, daß Hecht es ist, der den Kontakt zu den Zeitschriften herstellt, möglicherweise auch noch aus der Zeit seines ersten Amerikaaufenthaltes hatte. Hecht gelingt es, auch als Korrespondent für Czernowitzer Blätter tätig zu sein. Er berichtet aus Amerika, was sicher nicht nur wegen der allgemeinen politischen und wirtschaftlichen Entwicklung auf Interesse stieß, sondern eben auch weil viele Menschen in der Bukowina Verwandte oder Freunde hatten, die in die USA auswanderten, und jetzt sind sie begierig zu erfahren, wie es den Einwanderern in New York ergeht. Hecht berichtet ehrlich und ungeschönt. Seine Texte ermutigen sicher niemand, den Schritt der Auswanderung in die USA zu vollziehen.

Wieder gelingt es Rose Ausländer, schnell Arbeit zu finden. Diesmal bei der Manufactures Trust Company, N.Y. Bereits für 1929 wird ihr im »Jahresbrief« der Firma vom 29. 12. 1929 ein Gehalt von 1700,- bestätigt.

8. Mai 1930

Die Ehe von Rose und Irving (Ignaz) Ausländer wird vom Obersten Gerichtshof des New Yorker Distrikts endgültig geschieden. Irving Ausländer muß seine Rose sehr geliebt haben. Er, der »Nichtschuldige« am Zerbrechen der Ehe, hat darauf verzichtet, sich vor Gericht zu verteidigen, und wird deshalb »schuldig« geschieden. Im Urteil, das in einer Abschrift vorliegt, heißt es: »... daß die Klägerin von den Verpflichtungen der Ehe befreit werde und es der Klägerin gestattet wird, wieder zu heiraten, während dem Beklagten verboten wird, eine andere Person als die Klägerin während der ganzen Lebenszeit der Klägerin zu heiraten, außer durch spezielle Erlaubnis des Gerichts.«[31)] Irving Ausländer verschwindet danach völlig aus unserem Blickfeld. Es ist zur Zeit nicht bekannt, wo und wie er gelebt hat und wann er starb. Wir können allerdings vermuten, daß er weiterhin in New York blieb. Eli Rottner schreibt 1964, daß Irving Ausländer in New York wohnt[32)], und auch Jürgen Serke, damals Reporter für den »Stern«, ermittelt 1978, daß Irving Ausländer noch oder wieder in New York lebt. Ein angestrebtes Gespräch mit ihm kam aber nicht zustande.

Rose Ausländer und ihr Geliebter Helios Hecht in New York 1929.

Rose behält den Nachnamen Ausländer bei. Nur bei ihren ersten beiden Buchpublikationen wird der Doppelname Scherzer-Ausländer von ihr genutzt.

Februar 1931

Rose Ausländer kehrt zusammen mit Hecht nach Czernowitz / Rumänien in die Heimat zurück. Der Gesundheitszustand der Mutter hat sich verschlechtert, sie benötigt längere Zeit Pflege. Beide ziehen in die ausreichend große Wohnung der Mutter in die Dreifaltigkeitsgasse Nr. 12. Hecht richtet sich unter dieser Adresse für seine Tätigkeit als Graphologe ein Büro ein. Die Fotos aus den dreißiger Jahren zeigen eine elegante, schöne Frau. Rose Ausländer wird umschwärmt und umworben und nimmt Teil am Czernowitzer Kulturleben, welches sie in ihrer Betrachtung »Erinnerung an eine Stadt« so beschreibt: »Man las viel, nicht nur Zeitungen, Zeitschriften, Sekundärliteratur und Unterhaltungslektüre, sondern gute, beste Literatur. Man diskutierte mit Feuereifer, musizierte und sang. Das Stadttheater war immer gut besucht, bei Gastspielen ausverkauft. Ein beträchtlicher Teil der Jugend, geistig aufgeschlossen, war von unersättlicher Wißbegier. Das zentrale Interesse vieler Intellektueller galt nicht dem ehrgeizigen Planen einer einträglichen Karriere, nicht einem technisch höheren Lebensstandard, es ging ihnen vielmehr um erkenntnisreiche Einsichten, sei es auf Wegen der Wissenschaft, Philosophie, Politik oder durch Erlebnis von Mystik, Kunst, Dichtung und Musik. ... So entstand bei einem Teil der Bevölkerung ein auch in der Vorkriegszeit ungewöhnlicher Lebensstil: Weltfremdheit und Nichtbeachtung der umdüsterten Realität als Ausdruck des Lebens in einer als »wesentlicher Wirklichkeit« empfundenen Welt der Ideen und Ideale. Bildhauer, Maler, Dichter lebten, wenn sie keinem anderen

Ein Bild aus einer Fotoserie, die 1930 in New York entstand.

Beruf nachgingen, von der Bewunderung ihrer Freunde und Mitbürger, die ihre Werke kauften, ihre Konzerte und Lesungen besuchten. Man empfand es als Pflicht, Künstler und Dichter zu unterstützen und zu fördern. Man schätzte nicht nur, was durch Verlage berühmt geworden war: es war der ernste Respekt vor dem Schaffenden und seinen Werken, noch ehe sie veröffentlicht wurden. ... Czernowitz war eine Stadt von Schwärmern und Anhängern.«[33]

Natürlich verklärt der Text, der zum Standardzitat wurde, wenn es in den letzten Jahren darum ging, die »Literatur- und Kulturlandschaft Czernowitz / Bukowina« zu beschreiben, die Verhältnisse der zwanziger und dreißiger Jahre. Besonders das beschworene Mäzenatentum wird nicht so ergiebig gewesen sein wie angedeutet. Anders läßt sich der Exodus vieler damals oder später namhafter Künstler und Literaten nach Prag, Warschau, London, Paris, Rio de Janeiro und New York nicht erklären. Die Basis einer nur mittelgroßen Stadt war zu klein für die vielen Talente. Die »Erinnerungen an eine Stadt« werden aus der Rückschau 1965 geschrieben, manches stellt sich im Rückblick glänzender dar, als es war, aber grundsätzlich hat die Beschreibung Bestand.

10. April 1932

Anläßlich des Todes des jiddisch schreibenden Dichters Elieser Steinbarg wird das Gedicht »In Memoriam Elieser Steinbarg« (späterer Titel: Dichterbildnis: Elieser Steinbarg) von Rose Ausländer in der in Czernowitz erscheinenden deutschsprachigen Zeitung »Der Tag« gedruckt.[34] Nach ersten einzelnen Veröffentlichungen 1931 beginnt damit eine rege Publikationstätigkeit der Dichterin. Ihre Gedichte erscheinen regelmäßig in »Der Tag«, gelegentlich publiziert sie auch im »Czernowitzer Morgenblatt«

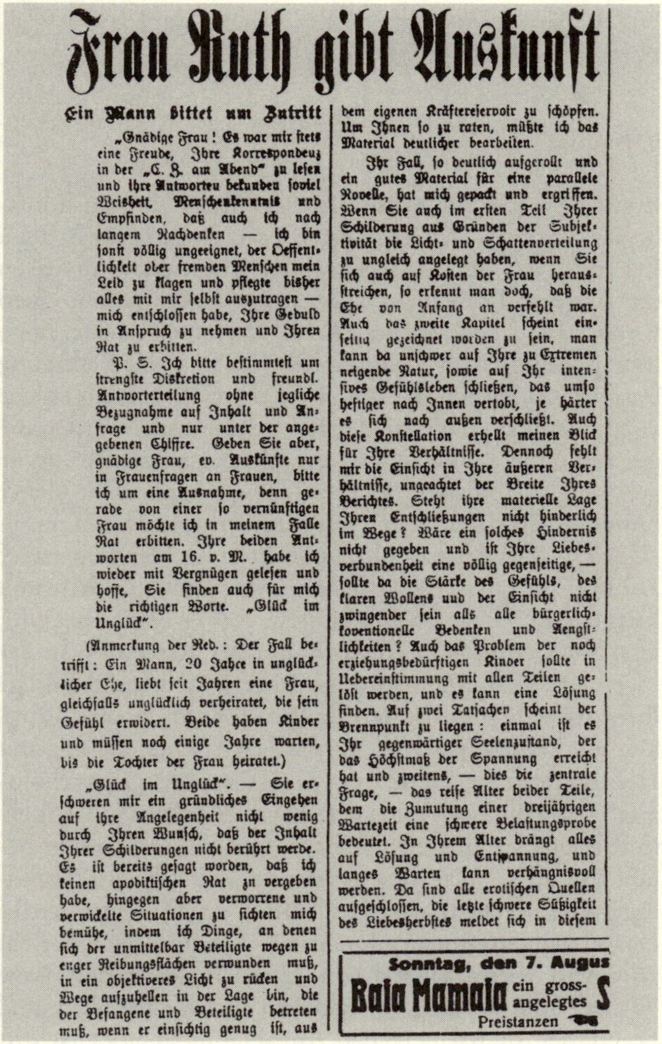

Frau Ruth gibt Auskunft

Ein Mann bittet um Zutritt

„Gnädige Frau! Es war mir stets eine Freude, Ihre Korrespondeuz in der „C. Z. am Abend" zu lesen und ihre Antworteu bekunden soviel Weisheit, Menschenkenntnis und Empfinden, daß auch ich nach langem Nachdenken — ich bin sonst völlig ungeeignet, der Oeffentlichkeit oder fremden Menschen mein Leid zu klagen und pflegte bisher alles mit mir selbst auszutragen — mich entschlossen habe, Ihre Geduld in Anspruch zu nehmen und Ihren Rat zu erbitten.

P. S. Ich bitte bestimmtest um strengste Diskretion und freundl. Antworterteilung ohne jegliche Bezugnahme auf Inhalt und Anfrage und nur unter der angegebenen Chiffre. Geben Sie aber, gnädige Frau, ev. Auskünfte nur in Frauenfragen an Frauen, bitte ich um eine Ausnahme, denn gerade von einer so vernünftigen Frau möchte ich in meinem Falle Rat erbitten. Ihre beiden Antworten am 16. v. M. habe ich wieder mit Vergnügen gelesen und hoffe, Sie finden auch für mich die richtigen Worte. „Glück im Unglück".

(Anmerkung der Red.: Der Fall betrifft: Ein Mann, 20 Jahre in unglücklicher Ehe, liebt seit Jahren eine Frau, gleichfalls unglücklich verheiratet, die sein Gefühl erwidert. Beide haben Kinder und müssen noch einige Jahre warten, bis die Tochter der Frau heiratet.)

„Glück im Unglück". — Sie erschweren mir ein gründliches Eingehen auf ihre Angelegenheit nicht wenig durch Ihren Wunsch, daß der Inhalt Ihrer Schilderungen nicht berührt werde. Es ist bereits gesagt worden, daß ich keinen apodiktischen Rat zu vergeben habe, hingegen aber verworrene und verwickelte Situationen zu sichten mich bemühe, indem ich Dinge, an denen sich der unmittelbar Beteiligte wegen zu enger Reibungsflächen verwunden muß, in ein objektiveres Licht zu rücken und Wege aufzuhellen in der Lage bin, die der Befangene und Beteiligte betreten muß, wenn er einsichtig genug ist, aus dem eigenen Kräftereservoir zu schöpfen. Um Ihnen so zu raten, müßte ich das Material deutlicher bearbeiten.

Ihr Fall, so deutlich aufgerollt und ein gutes Material für eine parallele Novelle, hat mich gepackt und ergriffen. Wenn Sie auch im ersten Teil Ihrer Schilderung aus Gründen der Subjektivität die Licht- und Schattenverteilung zu ungleich angelegt haben, wenn Sie sich auch auf Kosten der Frau herausstreichen, so erkennt man doch, daß die Ehe von Anfang an verfehlt war. Auch das zweite Kapitel scheint einseitig gezeichnet worden zu sein, man kann da unschwer auf Ihre zu Extremen neigende Natur, sowie auf Ihr intensives Gefühlsleben schließen, das umso heftiger nach Innen vertobt, je härter es sich nach außen verschließt. Auch diese Konstellation erhellt meinen Blick für Ihre Verhältnisse. Dennoch fehlt mir die Einsicht in Ihre äußeren Verhältnisse, ungeachtet der Breite Ihres Berichtes. Steht ihre materielle Lage Ihren Entschließungen nicht hinderlich im Wege? Wäre ein solches Hindernis nicht gegeben und ist Ihre Liebesverbundenheit eine völlig gegenseitige, — sollte da die Stärke des Gefühls, des klaren Wollens uud der Einsicht nicht zwingender sein alls alle bürgerlich-koventionelle Bedenken und Aengstlichkeiten? Auch das Problem der noch erziehungsbedürftigen Kinder sollte in Uebereinstimmung mit allen Teilen gelöst werden, und es kann eine Lösung finden. Auf zwei Tatsachen scheint der Brennpunkt zu liegen: einmal ist es Ihr gegenwärtiger Seelenzustand, der das Höchstmaß der Spannung erreicht hat und zweitens, — dies die zentrale Frage, — das reife Alter beider Teile, dem die Zumutung einer dreijährigen Wartezeit eine schwere Belastungsprobe bedeutet. In Ihrem Alter drängt alles auf Lösung und Entspannung, und langes Warten kann verhängnisvoll werden. Da sind alle erotischen Quellen aufgeschlossen, die letzte schwere Süßigkeit des Liebesherbstes meldet sich in diesem

Sonntag, den 7. Augus

Baia Mamaia ein gross- angelegtes S

Preistanzen

Eine Kolumne von »Frau Ruth« – Rosalie Beatrice Ruth Ausländer – in der Czernowitzer Zeitung.

und in der in Kronstadt / Siebenbürgen erscheinenden Literaturzeitschrift »Klingsor«.

6. August 1932

Erstmals taucht die Kolumne »Frau Ruth gibt Auskunft« in der Zeitung »Der Tag« auf.[35] Frau Ruth berät in allen Lebenslagen. Bei Liebeskummer, Ehestreit, Sinnkrisen und anderen Problemen wenden sich Leser in anonymen Briefen ratsuchend an Frau Ruth. Dieser auch heute noch feste Bestandteil diverser Zeitschriften ist keine Erfindung unserer Zeit. Auch damals in Czernowitz fanden solche Artikel Anklang, wurde der Rat gesucht und wurden die geschilderten Probleme und die Lösungsvorschläge gerne gelesen. Ein bißchen Schlüssellochguckerei steht sicher hinter diesen Kolumnen. Frau Ruth antwortet nicht nur in »Der Tag«, sondern zumindest auch in der »Czernowitzer Zeitung«. Dort ist sie sogar persönlich zu sprechen und hält jeden Freitag, am Nachmittag von zwei bis vier Uhr, eine Sprechstunde in einem Raum der Redaktion in der Herrengasse ab. Frau Ruth ist Rose Ausländer. Sie nutzt ihren jüdischen Vornamen als Pseudonym für ihre Tätigkeit als Lebensberaterin. Vermutlich arbeitet sie eng mit Helios Hecht zusammen, der ja als Graphologe psychologisch vorgebildet ist und sich seit vielen Jahren in Artikeln in diversen Zeitungen mit psychologischen Themen befaßt hat. Aber auch Rose Ausländer hat sich mit Psychologie und Psychoanalyse beschäftigt, sogar recht intensiv. Davon zeugen unter anderem ein umfangreicher Bericht zu einem Vortragsabend von Alfred Adler in der »New Yorker Volkszeitung«[36] und ein Essay zu Siegmund Freud, den sie nach eigenen Angaben in einer Zeitschrift in Prag veröffentlicht.[37] Sie versucht mit dem Entgelt für solche Tätigkeiten, ihren Lebensunterhalt zu bestreiten. Eine angemessene Arbeitsstelle wie seinerzeit in der Bowery Savings Bank in New York findet sie in Czernowitz nicht. Die Weltwirtschaftskrise ist auf ihrem Höhepunkt. Sie führt in Czernowitz zu hoher Arbeitslosigkeit – 1930 waren dreißig Prozent aller arbeitsfähigen Czernowitzer ohne Arbeit. So versucht sie, sich mit den Honoraren für ihre Artikel, Gedichte und Lebensberatungsbeiträge sowie mit privatem Englischunterricht über Wasser zu halten. Alfred Margul-Sperber hat seinen Beruf als Zeitungsredakteur wegen der schlechten Bezahlung aufgegeben und ist als Fremdsprachenkorrespondent in eine rumänisch-englische Fleischfabrik gewechselt. Aus Briefen Rose Ausländers an Sperber wissen wir, daß sie sogar eine Ausbildung absolviert, um in dieser Fabrik als Fleischbeschauerin zu arbeiten.

25. Dezember 1933

Die Arbeit als Fleischbeschauerin nimmt sie nicht auf, weil ihr eine Arbeitsstelle in Bukarest in Aussicht gestellt wird. Vom 25. Dezember 1933 an lebt sie mit Helios Hecht in Bukarest in der Straße Sf. Stefan Nr. 28. Der Versuch Hechts, sich ebenfalls scheiden zu lassen, mißlingt. Lucy Hecht widerspricht einer Scheidung. Nach rumänischem Recht konnte der »unschuldige« Partner einer gescheiterten Ehe die Scheidung verweigern. Da Hecht durch den Ehebruch mit Rose Ausländer der »Schuldige« ist, wird die Ehe nicht geschieden. Dieser herbe Fehlschlag führt zu einem Zusammenleben von Rose und Helios in Illegalität. Um den Schein zu wahren, unterhält Hecht in der gemeinsamen Wohnung ein Büro, so daß seine ständige Anwesenheit erklärbar ist.

31. Mai 1934

Damit ihr die amerikanische Staatsbürgerschaft nicht aberkannt wird, reist Rose Ausländer noch einmal nach New York. Es ist damals üblich, daß Personen, die nicht durch Geburt amerikanische Staatsbürger sind, diese Staatsbürgerschaft verlieren, wenn sie sich länger als drei Jahre ununterbrochen im Ausland aufhalten. Wilhelm Gersie stellt ihr am 31. Mai 1934 und am 24. 10. 1934 Arbeitszeugnisse aus.[38)] Sie wohnt in dieser Zeit in 1203 Fulton Av., Apt. 22 in der Bronx. Offensichtlich verläßt sie New York bereits wenig später wieder und beginnt am 1. Dezember 1934 ihre Tätigkeit als Fremdsprachenkorrespondentin bei der Vacuum Oil Company SadR in Bukarest.

22. Januar 1935

Helios Hecht schreibt seinen Abschiedsbrief »Mein letzter Gruß« an Rose Ausländer.[39)] Vorausgegangen war ein monatelanges Zerwürfnis zwischen beiden. Hecht hat 1934 in Bukarest die Zeitschrift »Neue Heimat« als Monatsblatt wieder gegründet. Bereits 1921 hatte er unter gleichem Titel eine Zeitschrift herausgegeben. Nun veröffentlicht er ohne Wissen und Billigung Rose Ausländers von ihr mehrere bis dahin unveröffentlichte Gedichte und auf dieser Grundlage eine »Charakteranalyse Rose Ausländer«. Sie ist über diesen Vertrauensmißbrauch entsetzt, und so wie sie rücksichtslos und absolut liebt, so trennt sie sich nach dieser Tat rücksichtslos und absolut von ihm. Seine Versuche, eine Versöhnung herbeizuführen, scheitern. Geliebt hat sie ihn aber ihr Leben lang; noch sechsundachtzigjährig schrieb sie Gedichte an ihn.[40)]

Er verläßt Bukarest. Sie bleibt. Damit ist sie auch nicht den Veränderungen in Czernowitz ausgesetzt. Die Rumä-

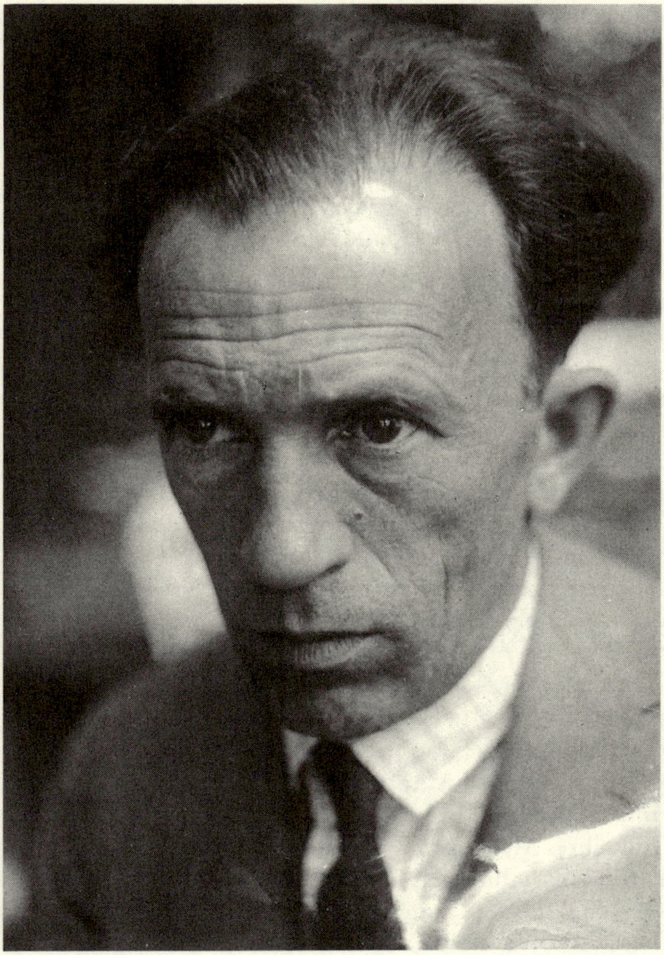

Der Graphologe und Kulturjournalist Helios Hecht um 1933 in Bukarest.

nisierung der Stadt ist so gut wie abgeschlossen. Die deutsche Sprache und die Sprachen der Minderheiten – Ruthenisch, Polnisch, Ungarisch und Jiddisch – sind nur noch im Privatbereich existent, das Schul- und Universitätssystem ist komplett umgestellt, die Zeitungsvielfalt weitestgehend verloren, der Kulturbetrieb verödet. Rumänische Nationalisten und Faschisten wenden sich zunehmend der »Judenfrage« zu. Der latente Antisemitismus wird offener, es bringt soziale und wirtschaftliche Vorteile, gegen die Juden zu sein. Verstärkt wird diese Tendenz durch den aufkeimenden Nationalismus und Nationalsozialismus der deutschstämmigen Bukowiner Bevölkerung. Hitler und seine Partei haben ihre Anhänger auch unter den Bukowinadeutschen. Nicht, daß es bereits zu lebensbedrohenden Aktionen käme, aber Ausgrenzungen und Schikanen nehmen spürbar zu. In der Anonymität der Großstadt Bukarest bleibt Rose Ausländer von diesen Tendenzen noch verschont. Verstärkt wendet sie sich ihren Freunden und Bekannten zu. Zu diesem relativ großen Kreis gehört auch der Mediziner Lothar Bickel, der den örtlichen Constantin-Brunner-Zirkel leitet. Zu ihren Freunden und Bekannten gehören etliche rumänische Literaten, Freed Weininger, ein Schriftsteller und Maler, zu dem sie kurzfristig eine Liebesbeziehung unterhält, der Lyriker Ewald Ruprecht Korn, der Autor und Übersetzer Enrico Fortuna und die Exilpolin Hanna Kawa. Die Kawa ist nach dem Tode ihres Mannes mit viel Vermögen aus Polen nach Bukarest gekommen. Nur wenige Eingeweihte wußten, daß sie Jüdin ist. Sie unterstützt als Mäzenin das jüdische Theater in Bukarest und viele Autoren.

16. März 1935

Rose Ausländer hat den Gedichtband »Geheimnisse der Landschaft« von Alfred Margul-Sperber erhalten.[41] Sie ist von seinen Gedichten begeistert und teilt ihm das in einem ausführlichen Brief mit. Erstmals keimt in ihr der Gedanke, auch ein eigenes Buch herauszugeben: »Sie haben mir eine große Freude mit dem Buche gegeben – schon allein durch die Tatsache, daß sie Ihre Gedichte herausgeben konnten. Stellt sich solch ein Band sehr hoch? – Ich denke dabei natürlich an die eigene ›Unsterblichkeit‹!«[42)]

30. November 1937

Rose Ausländer verliert die amerikanische Staatsbürgerschaft. Die Dichterin wird staatenlos, da sie sich zunächst weigert, die rumänische Staatsbürgerschaft anzunehmen. Sie hat erhebliche Probleme, ihre Arbeitsstelle zu behalten, weil rumänische Verwaltungsbehörden Druck auf die Firma ausüben, die widersetzliche Person zu entlassen. Immerhin bis Mitte 1938 widerstehen Rose Ausländer und die Vacuum Oil Company den Behörden. Die materielle Existenz der Dichterin bleibt somit gesichert.

Dann beantragt Rose Ausländer die rumänische Staatsbürgerschaft, die ihr am 29. November 1938 zugesprochen wird. Sie erhält das Bulletin de identitate mit der No. 574–2934.

20. März 1939

Alfred Fuchs, der Vizepräsident des Gesellig-Wissenschaftlichen Vereins von New York, läßt bei dem Notar H. B. Goldstein eine Einladung an Mrs. Rose Ausländer, Bukarest, Rumania beglaubigen. Sie soll in New York ihre Gedichte lesen und Vorträge zu Themen wie »Poetry and Philosophie in our time« oder »Constantin Brunner's Philosophie and his relation to Spinoza« halten.

Diese Einladung wird von amerikanischen Freunden veranlaßt, die erkannt haben, welche Gefahren der Jüdin Rose Ausländer in Europa drohen. Sie soll diese Vorträge nicht wirklich halten. Vielmehr soll sie mit Hilfe dieser Einladung die Einreisegenehmigung nach New York bekommen. Dieser Weg ist nötig, weil sie ja seit 1937 nicht mehr Staatsbürgerin der USA ist. Die Idee ist, daß man Rose Ausländer im Lande halten könne, wenn es erst einmal gelänge, ihr die Einreise zu ermöglichen.

17. Juni – 12. Juli 1939

Rose Ausländer hält sich für einen Monat in Paris auf. Sie ist mit dem Zug gereist und hat in Mailand zum erstenmal in ihrem Traumland, in Italien, für zwei Tage Station gemacht. Den genauen Grund dieser Reise kennen wir nicht. Auf den Postkarten, die sie aus Paris schreibt, – »Mailand-Paris-Märchen« –, fehlt jeglicher Hinweis. Andere Dokumente liegen uns zur Zeit noch nicht vor.

George Gutu vermutet allerdings in einem Aufsatz in der Zeitschrift »Neue Literatur« Nr. 9, Bukarest 1988, daß der Aufenthalt in Paris der Vorbereitung der beabsichtigten New York-Reise dient.[43)]

28. Juli 1939

»Der Regenbogen«, Rose Ausländers erstes Buch, erscheint im Verlag Literaria in Czernowitz. Wie ein ausführlicher Briefwechsel mit Alfred Margul-Sperber belegt, hat sie seit 1935 zielstrebig auf diese Veröffentlichung hingearbeitet. Margul-Sperber half beratend bei der Auswahl der Gedichte für das Buch. Die Texte sind zwischen 1927 und 1933 entstanden, die Zusammenstellung 1938 abgeschlossen. Margul-Sperber stellt auch den Kontakt zum

Gesellig-Wissenschaftlicher Verein von New York.
Gegründet 1870.

New York, March 20th, 1939.

Mrs. Rose Auslander,
Bucharest, Rumania.

Dear Mrs. Auslander:

We have learned from Dr. Walter Bernard of this city that you expect to come to the United States shortly to hold lectures here. We remember some of your previous literary works including your poems, and we should be very much interested if you would hold some lectures in our Society, which you could accompany by reciting some of your poems.

We understand that you would speak about one or the other of the following subjects:

GERMAN POETRY IN RUMANIA (including your own poems)

POETRY AND PHILOSOPHY IN OUR TIME

CONSTANTIN BRUNNER'S PHILOSOPHY AND ITS RELATION TO SPINOZA

In regard to the remuneration, wish to say that we will be pleased to take up this matter after your arrival in this country.

Kindly let us know if you are interested to lecture on the above-mentioned subject matters.

Awaiting to hear from you and with best wishes, we remain,

Sincerely yours,

GESELLIG-WISSENSCHAFTLICHER VEREIN v. N. Y.

Alfred Fuchs
Vice-President & Secretary.

State of New York)
County of New York) SS:
On this 20th day of March, 1939, before me came personally, ALFRED FUCHS, to me known and by me known to be the individual described in and who executed the foregoing and he did acknowledge to me that he did execute the same.

H.B. Goldstein
Notary Public
N.Y. County #540
Commission Expires March 30, 1940

N.Y.

Die Einladung des Gesellig-Wissenschaftlichen Vereins für Rose Ausländer nach New York im Jahre 1939.

Buchhändler und Verleger Niedermayer, dem Inhaber des Verlages Literaria, her. Niedermayer sagt die Übernahme der Verkaufsauflage zu. Finanziert werden muß das Buch jedoch durch die Autorin selbst. Dies war die im Verlag Literaria übliche Art der Herausgabe von Büchern. Alle dort erscheinenden Bücher werden durch die Autoren oder über Subskription vorfinanziert. Die Gestaltung des Buches, die Überwachung von Satz und Druck sind Sache des Autors, der Verlagsbuchhändler übernimmt die fertige Auflage. Die Herausgabe des Buches ist für die einerseits in diesen Dingen unerfahrene, andererseits hohe Ansprüche stellende Autorin ein schwieriges Unterfangen. Sie bekommt Hilfestellung durch Margul-Sperber und Freed Weininger, dem Gefährten in jener Zeit. Und schließlich übernimmt sie im Juli 1939 die 400 Exemplare ihres Buches »Der Regenbogen« vom Drucker, mit dessen Arbeit sie nicht zufrieden ist. Am 19. August 1939 schreibt sie an Margul-Sperber: »... Körner hat leider sehr schleuderhaft gearbeitet. Eine große Anzahl von Exemplaren ist beschmutzt, schief gedruckt. Fast alle sind ungleichmäßig gedruckt: einige Seiten zu fett, einige hingegen sehr blaß, manche kaum leserlich. – Ich habe trotzdem die 400 Stück übernommen und einige versprach mir Körner auszutauschen, obwohl er behauptet, kein Exemplar mehr zu besitzen.«[44)]

Das Buch einer Jüdin wird in Deutschland nicht mehr zur Kenntnis genommen. Die Presse der Bukowina, auch rumänische Zeitungen und Zeitungen und Zeitschriften in der Schweiz äußern sich über den Gedichtband »Der Regenbogen« begeistert, teilweise enthusiastisch. So bescheinigt Martha Kern am 20. 4. 1940 in der Czernowitzer Allgemeinen Zeitung: »Meisterhaft beherrschte Sprache und künstlerisch vollendete Form ... strengste Auswahl, sowie ein hoher künstlerischer Maßstab ... Was den Vorzug dieser Verse ausmacht, ist, daß man hinter all dem Männlichgekonnten und Menschlichgefühlten die Frau spürt, die

Der Einband des ersten Buches von Rose Ausländer(-Scherzer) 1939.

anders erlebt und reagiert als der Mann ... In starken, vollen Akkorden klingt die Melodie der Welt aus den Versen dieser Frau auf. Ihre Lieder ›Die goldenen Vögel‹ bringen unserem grauen Dasein Glanz und Farbe, Sinn und Trost.«[45]

Rose Ausländer bittet Margul-Sperber mehrere Male um sein Adressenmaterial, damit sie Exemplare ihres Buches an Zeitschriften, Verlage und bekannte Autoren schicken kann, fragt ausdrücklich nach der Adresse von Hermann Hesse, dessen Frau Ninon eine Cousine ihres geschiedenen Mannes Ignaz Ausländer ist. Sie ist begierig, Kritik zu erfahren.

Schriftsteller wie Manfred Hausmann, Hans Carossa und Arnold Zweig bekunden brieflich ihre Wertschätzung der Gedichte von Rose Ausländer. »Der Regenbogen« dient auch der Kontaktaufnahme zum Insel Verlag in Leipzig. Eine Publikation dort ist jedoch nicht mehr möglich.[46] Ein Erfolg beim Publikum bleibt der Autorin versagt; Deutschland und Rumänien verbünden sich, der Terror gegen die rumänischen Juden beginnt. Die Restauflage ihres Buches wird fast vollständig vernichtet. Heute sind nur noch fünfzehn Exemplare des »Regenbogen« nachweisbar, u. a. im Rose-Ausländer-Dokumentationszentrum, im Margul-Sperber-Nachlaß im Literaturmuseum in Bukarest, im Manfred-Hausmann-Archiv und in der Deutschen Bibliothek in Frankfurt und Leipzig. Gänzlich verschollen, wie von der Autorin über viele Jahre behauptet, ist der Band jedoch nie; sie selbst hatte immer zwei Exemplare in ihrem Besitz.

Allerdings hat sie später ihre frühen Gedichte mit viel Distanz gesehen. So schreibt sie am 8. Juni 1975 an Barbara Wiedemann: »Darf ich fragen, warum Sie nur meine *frühen* Gedichte interessieren? Ich habe nicht viel übrig für sie, habe schon *zwei* Angebote einer Neuauflage abgelehnt.«[47]

Durch die Behauptung, die Bücher seien »gänzlich ver-

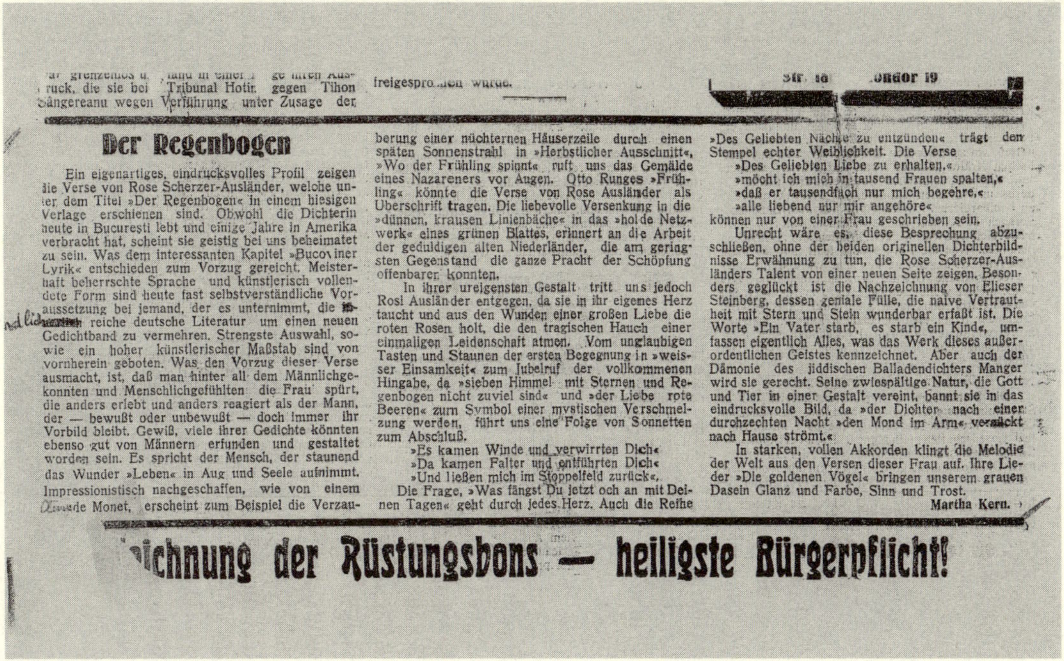

... grenzenlos u. ... fand in einer ... ge ihren Aus-
druck, die sie bei Tribunal Hotin gegen Tihon
Sängereanu wegen Verführung unter Zusage der

freigesprochen wurde.

Nr. 16 ... Jänner 19...

Der Regenbogen

Ein eigenartiges, eindrucksvolles Profil zeigen die Verse von Rose Scherzer-Ausländer, welche unter dem Titel »Der Regenbogen« in einem hiesigen Verlage erschienen sind. Obwohl die Dichterin heute in București lebt und einige Jahre in Amerika verbracht hat, scheint sie geistig bei uns beheimatet zu sein. Was dem interessanten Kapitel »Bucoviner Lyrik« entschieden zum Vorzug gereicht. Meisterhaft beherrschte Sprache und künstlerisch vollendete Form sind heute fast selbstverständliche Voraussetzung bei jemand, der es unternimmt, die [illegible] reiche deutsche Literatur um einen neuen Gedichtband zu vermehren. Strengste Auswahl, sowie ein hoher künstlerischer Maßstab sind von vornherein geboten. Was den Vorzug dieser Verse ausmacht, ist, daß man hinter all dem Männlichgekonnten und Menschlichgefühlten die Frau spürt, die anders erlebt und anders reagiert als der Mann, der — bewußt oder unbewußt — doch immer ihr Vorbild bleibt. Gewiß, viele ihrer Gedichte könnten ebenso gut von Männern erfunden und gestaltet worden sein. Es spricht der Mensch, der staunend das Wunder »Leben« in Aug und Seele aufnimmt. Impressionistisch nachgeschaffen, wie von einem Claude Monet, erscheint zum Beispiel die Verzauberung einer nüchternen Häuserzeile durch einen späten Sonnenstrahl in »Herbstlicher Ausschnitt«, »Wo der Frühling spinnt« ruft uns das Gemälde eines Nazareners vor Augen. Otto Runges »Frühling« könnte die Verse von Rose Ausländer als Überschrift tragen. Die liebevolle Versenkung in die »dünnen, krausen Linienbäche« in das »holde Netzwerk« eines grünen Blattes, erinnert an die Arbeit der geduldigen alten Niederländer, die am geringsten Gegenstand die ganze Pracht der Schöpfung offenbaren konnten.

In ihrer ureigensten Gestalt tritt uns jedoch Rosi Ausländer entgegen, da sie in ihr eigenes Herz taucht und aus den Wunden einer großen Liebe die roten Rosen holt, die den tragischen Hauch einer einmaligen Leidenschaft atmen. Vom ungläubigen Tasten und Staunen der ersten Begegnung in »weisser Einsamkeit« zum Jubelruf der vollkommenen Hingabe, da »sieben Himmel mit Sternen und Regenbogen nicht zuviel sind« und »der Liebe rote Beeren« zum Symbol einer mystischen Verschmelzung werden, führt uns eine Folge von Sonnetten zum Abschluß.

»Es kamen Winde und verwirrten Dich«
»Da kamen Falter und entführten Dich«
»Und ließen mich im Stoppelfeld zurück«.

Die Frage, »Was fängst Du jetzt och an mit Deinen Tagen« geht durch jedes Herz. Auch die Reihe »Des Geliebten Nächte zu entzünden« trägt den Stempel echter Weiblichkeit. Die Verse

»Des Geliebten Liebe zu erhalten,«
»möcht ich mich in tausend Frauen spalten,«
»daß er tausendfach nur mich begehre,«
»alle liebend nur mir angehöre«

können nur von einer Frau geschrieben sein.

Unrecht wäre es, diese Besprechung abzuschließen, ohne der beiden originellen Dichterbildnisse Erwähnung zu tun, die Rose Scherzer-Ausländers Talent von einer neuen Seite zeigen. Besonders geglückt ist die Nachzeichnung von Elieser Steinberg, dessen geniale Fülle, die naive Vertrautheit mit Stern und Stein wunderbar erfaßt ist. Die Worte »Ein Vater starb, es starb ein Kind«, umfassen eigentlich Alles, was das Werk dieses außerordentlichen Geistes kennzeichnet. Aber auch der Dämonie des jiddischen Balladendichters Manger wird sie gerecht. Seine zwiespältige Natur, die Gott und Tier in einer Gestalt vereint, bannt sie in das eindrucksvolle Bild, da »der Dichter nach einer durchzechten Nacht »den Mond im Arm« verzückt nach Hause strömt.«

In starken, vollen Akkorden klingt die Melodie der Welt aus den Versen dieser Frau auf. Ihre Lieder »Die goldenen Vögel« bringen unserem grauen Dasein Glanz und Farbe, Sinn und Trost.

Martha Kern.

...ichnung der Rüstungsbons — heiligste Bürgerpflicht!

Martha Kern besprach im Czernowitzer Morgenblatt den Gedichtband »Der Regenbogen«.

schollen«, entzieht sich Rose Ausländer der Diskussion über eine Neuauflage dieser Gedichte und damit einer Diskussion über die Gedichte selbst.

4. August 1939

Der Beamte B. Eidinger stellt für Rose Ausländer eine beglaubigte Abschrift ihrer Geburtsurkunde aus dem Geburtenregister der Stadt Czernowitz aus. Sie benötigt diesen Nachweis, um ein Visum für den Besuch in den USA beantragen zu können. Die Abschrift liegt uns heute noch vor. Ebenso verfügen wir über einen Abzug des Paßfotos, welches Rose Ausländer damals bei einem Fotografen in Bukarest anfertigen ließ.

September / Oktober 1939

Rose Ausländer ist in New York. Deutschland überfällt Polen; der II. Weltkrieg beginnt. Vier Wochen lang ist sie in Sicherheit, dann erreicht sie ein Hilferuf der an Herzasthma erkrankten Mutter. Sie muß abwägen und sich entscheiden: für die Pflege der Mutter oder für ihre persönliche Sicherheit. Sie kann nicht abschätzen, wie groß die Gefahr wird, der sie sich bei einer Rückkehr aussetzt, daß sie sich damit aber in Gefahr begibt, ist ihr klar. Sie entscheidet sich zurückzukehren, zieht in Czernowitz in die Wohnung der Mutter, die immer noch in der Dreifaltigkeitsgasse Nr. 12 ist, und übernimmt die Krankenpflege für sie.

Dieses Paßfoto benötigte die Dichterin 1938 für ihren Visaantrag für die Reise über Italien nach Paris.

1. April 1940

Ein Brief von Manfred Hausmann, der damals in Worpswede lebt, erreicht die Dichterin. »Sehr geehrte Frau Scherzer, Ihr Gedichtband ›Der Regenbogen‹, für dessen Übersendung ich Ihnen danke, hat mir viel zu denken gegeben. Es ist nämlich, wenigstens für mich, nicht leicht, zu einem bündigem Urteil über die Verse zu kommen. Einerseits spricht sich in ihnen eine Persönlichkeit von reicher und tiefer Empfindung und sprachlicher Begabung aus, andererseits will mir aber keines der Gedichte ›dicht‹ genug vorkommen, d. h. es steckt noch zu viel Persönliches, Nur-Persönliches darin, es irren noch zu viele unnotwendige Worte darin herum; es sind noch zu viele Gedanken und Empfindungen *vor* der Gestaltung nicht bis zu jener Tiefe ruhig gedacht und empfunden, die sie erst ›gültig‹ für alle macht.

Entweder haben Sie schon die Grenze Ihres Verses erreicht, dann läßt sich eben nicht mehr erhoffen. Oder aber Sie sind jeweils nicht geduldig genug gewesen. Man darf ein Gedicht nicht dann schon in Worte zu fassen versuchen, wenn sich die erste Version, die erste Bedrängnis einstellt. Es ist vielmehr eine große Geduld vonnöten, bis ›es‹ sich verdichtet und notwendig macht. Geduld und Leidensfähigkeit, die meisten Lyriker – und ich fürchte auch Sie – betrachten das Dichten als eine Art von Befreiung. Sie wollen sich des Bedrängenden entledigen und ›schreiben sich's von der Seele‹. Und gerade das ist die Todsünde gegen die Lyrik. Man muß die bedrängende Vision *bis zu Ende* erleiden. Und erst am Ende, im tiefsten Leid, gestaltet sich vielleicht der Vers. Vielleicht! Das hängt von etwas ab, das Fontane die ›Gnade‹ nennt. Und darüber möchte ich mich nicht weiter äußern. –

Sie sehen, ich habe an Ihr Buch den äußersten Maßstab angelegt. Dadurch beweise ich wohl am besten, wie ernst ich Ihre Gedichte nehme. Verzeihen Sie, wenn ich Sie auf

Rose Ausländer und ihr Bruder Max 1939 in Bukarest.

etwas aufmerksam mache, was Ihnen womöglich längst vertraut ist, auf das Insel-Bändchen, das Rilkes ›Brief an einen jungen Dichter‹ enthält. Daraus kann man immer und immer wieder etwas lernen. Wir alle.
Mit guten Wünschen für Ihren Urlaub

Manfred Hausmann.«[48)]

Zweifellos benennt Hausmann in diesem Brief, der im Original leider verloren ist, von dem aber eine Abschrift in einem Notizbuch Rose Ausländers aus dem Jahre 1945 vorliegt, die Richtschnur für sein eigenes Dichten. Wenn wir uns aber die spätere kreative Arbeitsweise von Rose Ausländer vergegenwärtigen, dann scheinen die Anregungen dieses Briefes auch zur Richtschnur ihres Dichtens geworden zu sein.

28. Juni 1940

Sowjetische Truppen besetzen Czernowitz und die nördliche Bukowina. Die rumänischen Soldaten ziehen sich kampflos zurück. Im Hitler-Stalin-Pakt war die Besetzung der Nordbukowina durch sowjetische Truppen vorgesehen und geregelt. Deutschland hatte akzeptiert, daß dieses Land durch die Sowjetunion annektiert wurde. Unmittelbar nach der russischen Besetzungsaktion wird die deutschstämmige Bevölkerung der Bukowina umgesiedelt. Nach damaliger Sprachregelung holte man 80 000 Menschen »heim ins Reich«. Die verbliebenen deutschstämmigen Personen und die deutsch-jüdische Bevölkerung, die von den Russen nach der Besetzung als Deutsche eingestuft werden, sind nunmehr ernsthaft an Leib und Leben bedroht. Die Bedrohung fußt nicht auf antisemitischen Vorbehalten, vielmehr sollte die »Bourgoisie« vernichtet werden. Ein »Bourgeois« ist jeder, der andere »ausbeutet«. Als Ausbeuter werden alle angesehen, die nicht nur für sich selbst arbeiten, sondern die auch andere Personen beschäftigen. Sie werden 1941 nach Sibirien deportiert. Zu diesen Deportationsopfern gehört auch der Verleger des Literaria-Verlages, der wie Tausende andere niemals aus Sibirien zurückkehrt. Nach einem knappen Jahr geraten die sowjetischen Truppen in der Bukowina in die Gefahr, durch die in Rußland vorrückenden deutschen Truppen großflächig eingekesselt zu werden. Als deshalb ihr Rückzug unausweichlich wird, führt die Sowjetarmee Zwangsrekrutierungen durch. Junge Männer werden gezwungen, sowjetische Soldaten zu werden. Sie haben die Wahl: Soldat werden oder Tod durch Erschießen. Über 1500 Zwangsrekruten verlassen mit den sowjetischen Divisionen die Stadt. Unter ihnen Max Scherzer, Rose Ausländers Bruder, der seine junge hochschwangere Frau Bertha verlassen muß. Bertha zieht zur Schwiegermutter in die Dreifaltigkeitsgasse Nr. 12. Etwa 30 der 1500 Zwangsrekruten überleben den Kriegseinsatz auf sowjetischer Seite. Auch Max Scherzer kehrt nach seiner Entlassung im Frühjahr 1944 unversehrt nach Czernowitz zurück und sieht zum erstenmal seinen dreijährigen Sohn Harry.

6. Juli 1941

Die deutsche SS-Einsatzgruppe D unter Leitung des SS-Brigadeführers und Polizeigenerals Ohlendorf erreicht die Stadt Czernowitz. Nur einen Tag vorher haben rumänische Truppen – Rumänien hatte sich zwischenzeitlich mit Deutschland verbündet – die Stadt kampflos besetzt. Noch am gleichen Tage beginnt die Verfolgung und Ausrottung der jüdischen Bevölkerung. Bis Ende August sind bereits mehr als dreitausend Juden ermordet, meist durch Erschießungen am Ufer des Pruth. Am 11. Oktober 1941 wird das alte Judenviertel der Stadt zum Getto erklärt, und 60 000 Menschen werden dort auf engstem Raum zusammengepfercht. Die Dreifaltigkeitsgasse Nr. 12 gehört zum Judenviertel. Die Familie Scherzer-Ausländer: Mutter, Tochter, Schwiegertochter und Enkel sind damit im Getto gefangen. Von da an müssen sie den gelben Judenstern tragen.

In einer kurzen Notiz, die sie im Dezember 1962 aufsetzt, hat Rose Ausländer festgehalten: »In Czernowitz ansässig, hatte ich unter der Judenverfolgung, die im Sommer 1941 begonnen hat, sehr zu leiden. Ich war nicht nur den bekannten und menschenunwürdigen Beschränkungen unterworfen, sondern wurde auch zu überaus schweren Zwangsarbeiten herangezogen und im Getto von Czernowitz unter entsetzlichen und unhygienischen Bedingungen festgehalten. Die Zwangsarbeiten, die ich bei Straßen- und Verladearbeiten sowie bei verschiedenen anderen Arbeitsgelegenheiten leistete, waren sehr anstrengend, und die Behandlung war brutal und unmenschlich. Ich wurde oft und schwer mißhandelt und mit dem Tode bedroht. Ich lebte in namenlosem Elend und in Angst vor meinem weiteren Schicksal und der immer wieder angedrohten Deportation nach Transnistrien.«[49)]

Obwohl sie und ihre Familie den von ihr beschriebenen entsetzlichen Zwängen unterworfen sind, muß es doch als großes Glück bezeichnet werden, daß sie nicht sofort nach Transnistrien deportiert werden. Dieses Gebiet zwischen Bug und Dnjestr ist Rumänien von Deutschland als Kriegsbeute zugesprochen worden. Dort richten die Rumänen Vernichtungslager für die Juden ein. Insgesamt werden im Laufe von zwei Jahren fast dreihunderttausend Menschen dorthin verschleppt. Es sind Juden aus der Bukowina, aus Bessarabien und zum kleineren Teil auch aus dem rumänischen »Altreich«. Von den Czernowitzer Juden werden 45 000 nach Transnistrien deportiert. Die Rumänen, die immer wieder von SS-Truppen unterstützt werden, setzten diese Juden in dem fast menschenleeren Gebiet in Lagern, die im wesentlichen nur aus Erdlöchern bestehen, aus und überlassen sie ihrem Schicksal. Die ausgesetzten Menschen verhungern oder verrekken an den grassierenden Seuchen wie Cholera und Flecktyphus. Etwa 220 000 jüdische Menschen werden auf diese Weise ermordet.

Warum Rose Ausländer und ihre engere Familie nicht deportiert werden, wissen wir nicht. Die Dichterin verfügt allerdings aus ihrer Zeit in Bukarest über gute Beziehungen zu einflußreichen rumänischen Persönlichkeiten und versucht auch die Deportation von Freunden und Bekannten zu verhindern. Dies gelingt ihr nur in sehr bescheidenem Maße. Sie gehört zu einem Personenkreis, der für die Infrastruktur der Stadt Czernowitz als unverzichtbar eingestuft ist – dazu gehört beispielsweise eine Reihe von jüdischen Ärzten. Sie erhält einen Schutzausweis und eine Arbeitserlaubnis.

Der extrem kalte Winter Anfang 1942 stoppt die Todestransporte. Schneeverwehungen bringen den Eisenbahnbetrieb zum Stillstand. Das Getto in Czernowitz wird aufgelöst. Zwar erfolgen im Sommer 1942 und auch noch 1943 weitere Deportationen nach Transnistrien, die rumänischen Soldaten, die rumänische Polizei und die gelegentlich mithelfenden SS-Truppen machen sich aber nicht mehr die Mühe, ein Getto einzurichten. Sie verhaften die Juden auf den Straßen und in deren Wohnungen. Die Juden werden zur Zwangsarbeit herangezogen. Solange sie arbeiten können, haben sie eine minimale Überlebenschance.

28. Oktober 1942

Rose Ausländer unternimmt einen letzten verzweifelten Versuch, aus Czernowitz zu entkommen. Sie wendet sich an die Schweizer Botschaft in Bukarest, die die Interessen der Kriegspartei USA in Rumänien vertritt. Unter Berufung auf ihre ehemalige amerikanische Staatsbürgerschaft versucht sie, eine Ausreisegenehmigung in die USA zu erhalten. Die Antwort der Schweizer Botschaft, geschrieben am 28. Oktober 1942, ist im Original vorhanden. »... teile ich Ihnen nunmehr mit, daß der Beschluß der zuständigen amerikanischen Behörden der Spezialabteilung nicht erlaubt, Ihnen irgendwelchen Schutz als Staatsangehörige der Vereinigten Staaten angedeihen zu lassen. Die zuständige Stelle hat nach Prüfung Ihres Falles entschieden, daß Sie nach amerikanischem Gesetz als ›voraussichtlich expatriiert‹ zu gelten haben. Die einzige Möglichkeit, die Ihnen demnach bleibt, Ihre amerikanische Staatsbürgerschaft einer neuen Prüfung durch die amerikanischen Behörden unterziehen zu lassen, besteht in einem Gesuch zur Rückkehr in die Vereinigten Staaten, das Sie im Zeitpunkt einreichen müssen, wenn eine solche Reise wieder möglich ist, was vor Kriegsende kaum der Fall sein dürfte. Ich bedaure, Ihnen keinen besseren Bescheid geben zu können, und mache Sie gleichzeitig darauf aufmerksam, daß weitere Rückfragen Ihrerseits in der Angelegenheit zwecklos sind. Mit vorzüglicher Hochachtung.«[50)]

Für die Verfolgte erlischt mit diesem zynischen, von einem Legationsrat unterschriebenen Bescheid ein letzter Funke Hoffnung, der Verfolgung entrinnen zu können. Trost findet sie in der Beschäftigung mit Literatur, in der Beschäftigung mit ihren eigenen Texten. Seit Anfang 1942 hält sie die Zustände im Getto, ihre Erlebnisse, ihre Gefühle in Gedichten fest, die sie später zu dem Zyklus »Gettomotive« zusammenfaßt. Dieser Zyklus ist zumindest teilweise als Manuskript erhalten geblieben, einige wenige dieser Gedichte sind in stark überarbeiteter Form im Gedichtband »Blinder Sommer« und im Band »36 Gerechte« erschienen.[51)] Es ist überhaupt festzustellen, daß die Beschäftigung mit ihren Gedichten und mit Philosophie und Literatur allgemein ihr die Kraft zum Überleben gibt, als die äußeren Verhältnisse immer unerträglicher und hoffnungsloser werden.

»In jenen Jahren trafen wir Freunde uns zuweilen heimlich, oft unter Lebensgefahr, um Gedichte zu lesen. Der unerträglichen Realität gegenüber gab es zwei Verhaltensweisen: entweder man gab sich der Verzweiflung preis, oder man übersiedelte in eine andere Wirklichkeit, die geistige. Wir zum Tode verurteilten Juden waren unsagbar trostbedürftig. Und während wir den Tod erwarteten, wohnten manche von uns in Traumworten – unser traumatisches Heim in der Heimatlosigkeit. Schreiben war Leben. Überleben.«[52)]

Im Februar 1943 entsteht wieder Kontakt zwischen Rose Ausländer und dem Freundeskreis in Bukarest. Inspiriert durch Alfred Margul-Sperber und Ewald R. Korn sammeln diese Freunde monatlich Lebensmittel und Kleidungsstücke, und Hanna Kawa nimmt es unter Mißachtung der persönlichen Gefahr auf sich, diese Hilfsmittel nach Czernowitz einzuschmuggeln. Dazu muß sie jeweils eine 580 km lange Bahnfahrt von Bukarest nach Czernowitz auf sich nehmen, immer durch Kontrollen bedroht und im Falle des Auffallens mit ihrer Hilfssendung in Erklärungsnot. Durch die monatlichen Hilfslieferungen wird es möglich, das Leben Rose Ausländers, ihrer Mutter und einiger Verwandter zu retten.

13. März 1943

Die rumänische Post befördert Briefe von und nach Czernowitz. Es entsteht zwischen der Dichterin und Ewald R. Korn ein Briefwechsel, der zumindest teilweise erhalten geblieben ist. Rose Ausländer schreibt an Korn: »Sehr geschätzter, lieber Herr Korn! Ihre herzlichen Worte sind ein Fest meinem Herzen, das lange keinen Feiertag hatte. Doch jetzt kann ich die Wonne solchen

Erlebens nicht erschöpfend auskosten: Ein harter Schlag traf mich gestern: ich bin von der Liste der Arbeitenden (die allein hier Lebensberechtigung haben) gestrichen worden. So erlebe ich die Schönheit ihres Sprechens zu mir wie durch einen dichten Schleier von Wehmut. Aber auch durch dieses Gewebe schimmert sie hell und trostreich. Was soll nun werden? Wird es mir vergönnt sein, Eure monatlichen Grüße zu bekommen und mich ihrer würdig zu freuen? So nehmen Sie dies mein gedämpftes Gefühl. ... Frau Kawa wird Ihnen erklären, warum ich Sie bitte, nicht an die alte Adresse zu schreiben. Frau K. wird Ihnen alles darüber mitteilen. Sie können mir immer durch sie Ihre guten Grüße senden – und auf diese Weise weit ungezwungener schreiben. ›Rose und Schmetterling‹ ziehen mit. Ach, dieser Frühling – wird er mir Verse bringen? Oder nur neues namenloses Leid, in aller Innigkeit, Ihre Rose A.«[53)]

Die Entziehung der Arbeitserlaubnis ist im Regelfall die Ankündigung der unmittelbar bevorstehenden Deportation nach Transnistrien. Rose Ausländer und ihre Mutter verstecken sich von da an immer wieder in verschiedenen Kellern und leben von den Hilfsgütern, die sie über Hanna Kawa erhalten. Zusätzlich veräußern sie den Familienschmuck und letzte vorhandene Wertgegenstände und können so das letzte Jahr der Verfolgungszeit überstehen.

Anfang Februar 1944

In den Jahren der Verfolgung trifft Rose Ausländer erstmals mit Paul Antschel zusammen, der sich später Paul Celan nennt. Über die erste Begegnung gibt es widersprüchliche Angaben. Die Daten von tatsächlich oder angeblich Beteiligten widersprechen sich. Weitestgehende Übereinstimmung besteht zwischen dem, was Rose Aus-

Die Jüdin Hanna Kawa sicherte der Lyrikerin 1943/44 das Überleben.
Das Foto zeigt Hanna Kawa 1956 in Paris.

länder selbst angegeben hat, und dem, woran Edith Silbermann sich erinnert: »Es war während des Krieges [Anfang Februar 1944. Celan war soeben aus dem rumänischen Arbeitslager zurückgekehrt], daß Chaim Ginninger … und Dr. Silbermann, mein späterer Mann … einen Besuch bei Rose Ausländer in die Wege leiteten, damit Paul Antschel, der später als Paul Celan in die Literaturgeschichte eingehen sollte, und damals zu meinem Freundeskreis gehörte, ihr aus seinen Gedichten vorlese. Ich hatte in Gesprächen wohl schon ihren Namen gehört, doch nichts von ihr gelesen, die beiden älteren Herren hingegen kannten sie bereits seit den frühen dreißiger Jahren, letzterer [Dr. Silbermann] besaß sogar ihren ersten, 1939 im Czernowitzer ›Literaria-Verlag‹ erschienenen Gedichtband ›Der Regenbogen‹ und hatte im ersten Russenjahr 1940/41 mit ihr, Alfred Kittner und Immanuel Weissglas zusammen in der sowjetischen Stadtbibliothek gearbeitet. Wir gingen also zu viert an einem Sonntag nachmittag hin und wurden von einer hochgewachsenen, schlanken, rassigen Dame in mittleren Jahren, deren auffallend tiefe Stimme fast männlich klang, überaus warmherzig begrüßt und anschließend von ihrer Mutter … bewirtet. Darauf kam die Gastgeberin unserer Aufforderung nach und las uns einige ihrer Gedichte vor, die mich allein schon des Themas wegen – es dürften Gettomotive gewesen sein – sehr beeindruckten. Als dann Paul, sehr selbstsicher, einiges zum besten gab, geriet Rose Ausländer ins Schwärmen. Die Begeisterung beruhte nicht auf Gegenseitigkeit. Rose Ausländer war von den ungewohnten Metaphern und Wendungen in Celans frühen Gedichten … sofort elektrisiert, als sehr sinnliche Frau vermutlich auch von seinem gewinnenden Äußeren eingenommen, ihn jedoch sprachen ihre Gedichte, wie er auf dem Heimweg versicherte, nicht sonderlich an, sie erschienen ihm zu traditionell.«[54)]

Rose Ausländer versucht sich im Rahmen ihrer bescheidenen Möglichkeiten für Celan einzusetzen. Er ist in seiner Czernowitzer Zeit als Dichter nicht anerkannt. Zu fremd, zu ungewöhnlich sind seine Gedichte dem traditionell orientierten Czernowitzer Publikum. Rose Ausländer ist eine der wenigen, die vehement für ihn streitet. Gesprächsweise räumte Alfred Kittner ein, daß auch er von den frühen Gedichten Celans nicht überzeugt war, und erklärt das Engagement der Rose Ausländer für diese Gedichte damit, daß diese während ihrer bis dahin insgesamt knapp acht Lebensjahre in Amerika die amerikanische moderne Lyrik kennen- und schätzengelernt hatte.

»Wie auch Margul-Sperber, Celan, Weissglas oder Alfred Kittner hatte Rose Ausländer komplexe und enge Bindungen zu anderen Literaturen. Während aber die übrigen hier Genannten gute Kenner des rumänischen Kulturlebens waren, Freunde unter den rumänischen Dichtern hatten und aus dem Rumänischen übersetzten …, wurde für Rose Ausländer das Englische, wurden ihr die angelsächsischen Literaturen zur zweiten Sprachheimat. So war sie die weitaus ›Westlichste‹ in der Reihe der Autoren, die aus Czernowitz stammten: Ihre Dichtung ist davon geprägt,« so formuliert es Elisabeth Axmann.[55)]

Etwa ein Jahr nach der ersten Begegnung zwischen Rose Ausländer und Celan bilden einige der überlebenden Dichter in Czernowitz einen Literaturkreis, der sich in der Wohnung des Ehepaars Ginninger trifft. Hier finden sich nach mündlicher Überlieferung neben Rose Ausländer und Paul Antschel mehrmals Immanuel Weissglas und andere zusammen. Sie lesen sich ihre Texte vor, diskutieren miteinander, kritisieren sich und fertigen Übersetzungen an, versuchen ihr geistiges Überleben sicherzustellen und verdrängen die materielle Not bei solchen Treffen. Bei Rose Ausländer verbleiben aus jenen Tagen Gedichthandschriften von Paul Celan, Übersetzungen Shakespearscher Sonette von Celan, Weissglas und anderen, auch Übersetzungen von Texten von Yeats und Oscar Wilde, die die Autoren in Konkurrenz miteinander anfertigen.[56] Rose Ausländer ist von Paul Celan so beeindruckt, daß sie ihm sogar ein Widmungsgedicht schreibt: »Du hast mit deinen Sternen nicht gespart / ... Die guten alten Mächte dienen dir.«[57] In jener Zeit schreibt Celan die »Todesfuge«, für die er als Material auch je ein Gedicht von Weissglas, Rosenkranz und Ausländer nutzt.

März 1944

Czernowitz wird durch vorrückende russische Truppen überrannt. Die deutsche Wehrmacht leistet nur hinhaltenden Widerstand, die rumänischen Truppen kämpfen nicht mehr. Die überlebenden Juden werden befreit. Doch was ist das für eine »Befreiung«? Wurden sie vorher als Juden verfolgt, so werden sie jetzt von der russischen Besatzung sprachbedingt als Deutsche eingestuft und sind wiederum Repressalien ausgesetzt. Arbeitsfähige Menschen aus dieser deutschsprachigen, jüdischen Bevölkerung, die keine Arbeitsstelle nachweisen können, werden zu Arbeitseinsätzen nach Rußland, in die Bergwerke des Donez-Bekkens, deportiert. Von den Betroffenen hat kaum einer diese Einsätze überlebt.

Frühsommer 1944

Alfred Kittner, mit Immanuel Weissglas im Frühsommer 1944 nach der Befreiung durch die russische Armee aus den Todeslagern Transnistriens zurückkehrend, findet Rose Ausländer in der Volksbibliothek der Stadt arbeitend. Hier haben sie und andere Frauen Arbeit gefunden, Arbeit, die nur den einen Zweck hat, vor der Verschleppung in die Bergwerke des Donez-Beckens zu schützen.

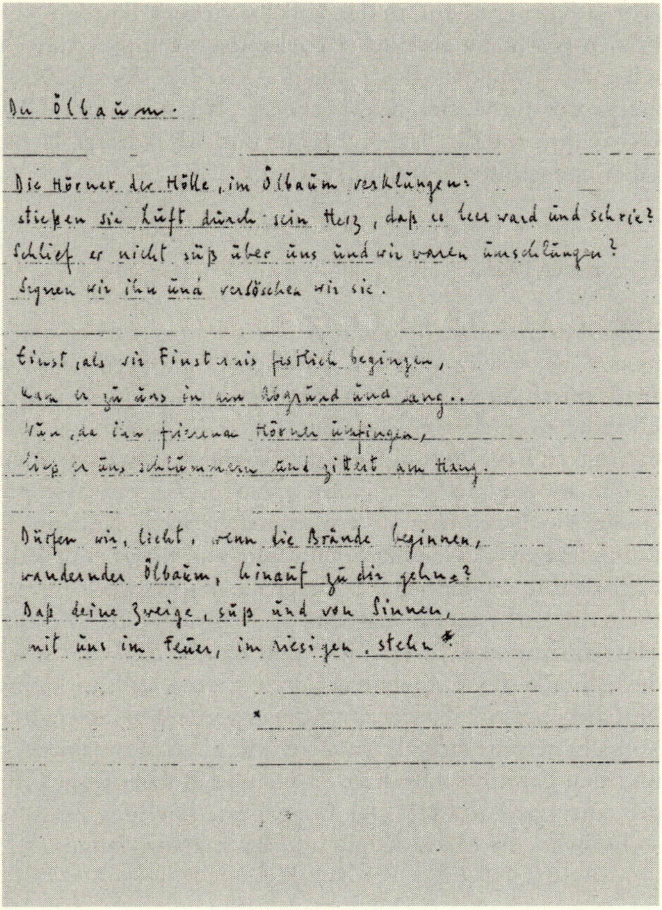
Der Ölbaum.

Die Hörner der Hölle, im Ölbaum verklungen:
stießen sie Luft durch sein Herz, daß es leer ward und schrie?
Schlief er nicht süß über uns und wir waren umschlungen?
Segnen wir ihn und verlöschen wir sie.

Einst, als wir Finsternis festlich begingen,
kam er zu uns in den Abgrund und sang..
Nun, da die eisernen Hörner anfingen,
ließ er uns schlummern und zittert am Hang.

Dürfen wir, leicht, wenn die Brände beginnen,
wandernder Ölbaum, hinauf zu dir gehn?
Daß deine Zweige, süß und von Sinnen,
mit uns im Feuer, im riesigen, stehn*

*

Paul Antschell, der sich später Paul Celan nannte, überließ Rose Ausländer Ende 1944 vier seiner Gedichthandschriften.

Alfred Kittner meint, in der Volksbibliothek hätten mehr Frauen gearbeitet als Bücher vorhanden waren. Vermittelt wird die Tätigkeit durch einen Arzt, Dr. Alexis Zaloziecki, der die Mutter, Kathi Scherzer, bereits während der Gettojahre medizinisch betreute und als vorerst letzte Überlebenshilfe die Arbeit beschafft.

Dezember 1945

Rose Ausländer stellt einen Ausreiseantrag nach Rumänien. Czernowitz und die nördliche Bukowina werden 1945 durch die UdSSR annektiert und der Republik Ukraine zugeschlagen. Der deutschen, jüdischen und rumänischen Bevölkerung wird die Ausreise nach Rumänien und in andere Länder angeboten. Noch 1945 verlassen die ersten die Bukowina und übersiedeln nach Rumänien. Lange ist Rose Ausländer unentschlossen, wo sie endgültig bleiben soll, schließlich stellt auch sie den Ausreiseantrag. Fieberhaft arbeitet die Autorin. Sie befürchtet, daß sie ihre Manuskripte und Briefe nicht mitnehmen darf und trägt deshalb alle Texte, die sie erhalten wissen will, in kleine Notizbücher ein, die sich am Körper verbergen lassen. Die Vorsicht erweist sich als unnötig. Mit allen Manuskripten und den geretteten Briefen, Fotos und Büchern wird ihr die Ausreise gestattet. Der Freigabestempel des Zensors »schmückt« die Manuskripte und Bücher von damals.

Anfang Juni 1946

Rose Ausländer, ihre Mutter, der Bruder Max und seine Familie, und ihre Freunde Vera und Emanuel Hacken, Dr. Granierer, ihr Lebensgefährte aus den letzten Czernowitzer Jahren, verlassen gemeinsam mit der Eisenbahn die Stadt, die Landschaft, die ihr als Heimat so viel bedeutet haben. Sie verlassen eine fast menschenleere Geisterstadt. Czernowitz ist durch den Krieg nur gering zerstört. Die alte k.u.k.-Stadt ist in ihrem Häuserbestand erhalten. Aber die Menschen, die hier lebten, haben die Stadt verlassen. Die Deutschen wurden 1940 »heim ins Reich« geholt, die Juden sind ausgerottet, die anderen Minderheiten nach Polen, Ungarn oder in den Westen geflohen. Seit die Annektierung durch die Sowjetunion feststeht, haben die rumänischen Bewohner und die letzten überlebenden Juden die Möglichkeit zur Ausreise genutzt. Zurück bleibt eine Kulisse, die sich mit Neuzuwanderern aus der Ukraine und anderen Provinzen der Sowjetunion füllen wird, für die der Zuzug ein Neuanfang ist und für die die Geschichte der Stadt erst 1945 beginnt.

Die Mutter, der Bruder und seine Familie und die Freunde bleiben zunächst in Dorna-Vatra. Im Herbst 1946 zieht die Familie nach Satu Mare weiter. Dort bleiben sie bis 1963. Rose Ausländer und Dr. Granierer aber reisen nach Bukarest. Die Dichterin hofft, an die Vorkriegszeit in der rumänischen Hauptstadt anknüpfen zu können, und glaubt an die Unterstützung durch die Bukarester Freunde und durch rumänische Schriftsteller, die in den Vorkriegsjahren zu ihrem Bekanntenkreis zählten. Kurz nach der Ankunft in Bukarest erreicht sie das Angebot amerikanischer Freunde – es handelt sich um das Ehepaar Königsberg aus New York –, wieder in die USA auszuwandern. Das Angebot und die damit verbundene Bürgschaft gilt nur für sie selbst, und sie muß innerhalb weniger Tage entscheiden. In der Hoffnung, daß es ihr gelingen werde, wäre sie erst einmal in New York, auch die Einwanderungserlaubnis für die Familie zu beschaffen, und mit der vagen Aussicht, sie könne in den USA ein materiell gesichertes Leben führen, sagt sie zu. Ende August 1946 treffen die erforderlichen Einwanderungspapiere ein.

Ihre Freunde, darunter Dr. Zaloziecki und Kittner, organisieren im Dalles-Saal in Bukarest eine Lesung für Rose Ausländer. Anfangs ist dies als eine Begrüßungslesung gedacht, mit der man sie willkommen heißen will, nun wird es ihre Abschiedslesung. Vor vielen Menschen im völlig überfüllten Saal spricht Alfred Margul-Sperber die Einführung: »Die Dichterin Rose Ausländer bedarf keiner Einführung mehr bei einem gedichteliebenden Publikum, dem die Veröffentlichung ihres Versbuches ›Der Regenbogen‹ den vollen Klang ihrer lyrischen Stimme und die kühne Eindringlichkeit ihrer dichterischen Aussage vermittelt hat. Aber weil nun einmal, und wie erst in erbarmungslosen Zeiten gleich den unseren, der Gesang des Dichters leicht übertönt wird vom Röcheln der Not und vom Schrei des Grauens, gilt es, die Erinnerung wachzurufen an das Werk dieser schwarzen Sappho unserer östlichen Landschaft. ... Das Gedicht Rose Ausländers aber spricht das Natürlichste, Selbstverständlichste und Menschlichste so aus, daß es neu und zum ersten Male gesagt erscheint. Sie ist den Grundmächten verhaftet und nicht den Modemächten. Ihre Sprache, klar, ungekünstelt und bündig, folgt der großen Tradition, und Ehrfurcht vor der Sprache bestimmt den Ausdruck ... «[58)]

Edith Silbermann erinnert sich: »Ehe sie im September Bukarest verließ, gelang es ... im Zentrum der Stadt, im schönen Dalles-Saal, in dem sonst Konzerte stattfanden und Vorträge gehalten wurden, eine Lesung von ihr zu veranstalten, die erfreulicherweise großen Anklang fand. Ich war erstaunt zu sehen, wie viele Menschen in Bukarest offenkundig deutsch verstanden und Interesse an den Gedichten einer deutschsprachigen Jüdin aus der Bukowina bekundeten, denn es waren nicht bloß das kleine Häufchen unserer Landsleute, die es in die Hauptstadt verschlagen hatte, gekommen, sondern auch aus dem Altreich gebürtige Glaubensgenossen der gehobenen Mittelschicht und angesehene rumänische Literaten und Schriftsteller wie Al. Phillipide, Ion Pillat, Ion Marin Sadoveanu u.a., die aus dem Deutschen übersetzt hatten und der Sprache mächtig waren. Manche von ihnen kannten sie wohl bereits aus den dreißiger Jahren, als sie eine Zeitlang in Bukarest gelebt hatte. Sperber stimmte in seiner einführenden Rede einen wahren Hymnus auf ›die schwarze Sappho unserer östlichen Landschaft‹ an, wie er die Dichterin nannte. Paul [Celan] und ich wechselten etwas belustigte Blicke ob so vieler pathetischer Worte, freuten uns aber über Rose Ausländers Erfolg und überreichten ihr wie viele andere Verehrer unsere Sträußchen Blumen. Es sollten siebzehn Jahre vergehen, ehe ich sie wiedertraf.«[59)]

Rose Ausländer liest aus ihrem Gedichtband »Der Regenbogen« und 24 Texte aus dem Zyklus »Gettomotive«. Diese 24 Texte bleiben in Kopie bei Kittner in Bukarest erhalten, sie stehen heute wieder zur Verfügung. Es ist kein frohes Abschiednehmen, zu ungewiß ist die Zukunft, nicht sicher, ob man sich jemals wiedersehen wird.

Anfang September 1946

Mit dem Zug reist Rose Ausländer nach Marseille, begibt sich dort an Bord der »SS Wellsley Victory« und tritt die Seereise nach New York an. Sie weiß nicht, daß sie ihre Heimat endgültig verlassen hat, sie weiß aber, daß sie dem Terror und der Vernichtungsmaschinerie des Hitlerstaates und seiner Verbündeten und auch dem Terror der stalinistischen Sowjetunion und deren Vasallen entkommen ist. Physisch krank ist sie und psychisch angeschlagen, schreckensstarr ob des Erlebten und Erlittenen, aber sie ist davongekommen.

20. September 1946

Albert E. Clattenburg, Jr., der Chef der Special Projects Division aus dem Department of State in Washington, kündigt Joseph und Anna Königsberg in New York die Ankunft von Rose Ausländer brieflich an und teilt Regularien für deren Einreise mit.

4. Oktober 1946

Der aus Czernowitz stammende Bildhauer Bernard Reder schreibt an Freed Weininger: »... Denken Sie, die Ausländer ist angekommen, war bei den Bickels schon und kommt dieser Tage zu uns, dann geben wir ihr Ihre Adresse, die sie von uns verlangte – inzwischen ist hier ihre: ªc // o° Königsberg, 2856 Grand Concourse, Bronx N.Y.«[60)]

Sie wird von den Freunden aufgenommen und betreut. Bernard Reder, seine Frau und das Ehepaar Ginninger aus Czernowitz, Freed Weininger und das Ehepaar Bickel aus Bukarest, das Ehepaar Königsberg, Walter Bernard und andere alte Freunde aus New York kümmern sich um sie, versuchen ihr beim Neustart zu helfen. Rose Ausländer versucht Fuß zu fassen. Erfreulicherweise findet sie sofort Arbeit. Sie wechselt zwar häufiger die Stellen, ist aber offensichtlich niemals arbeitslos.[61)] Auch dadurch unterscheidet sie sich von anderen Emigranten, denen es sprach-, ausbildungs- und mentalitätsbedingt nicht gelingt, eine ausreichende Arbeit zu finden. Sicher kommen ihr dabei die Erfahrungen aus ihren ersten beiden Amerikaaufenthalten von 1921–1926 und 1928–1931 zugute. Obwohl sie in den Folgejahren immer wieder krank ist, gelingt es ihr, pro Jahr ein höheres Einkommen zu erzielen, als es zum Beispiel bei männlichen Industriearbeitern in jenen Jahren üblich ist. Sie versucht Einreise-

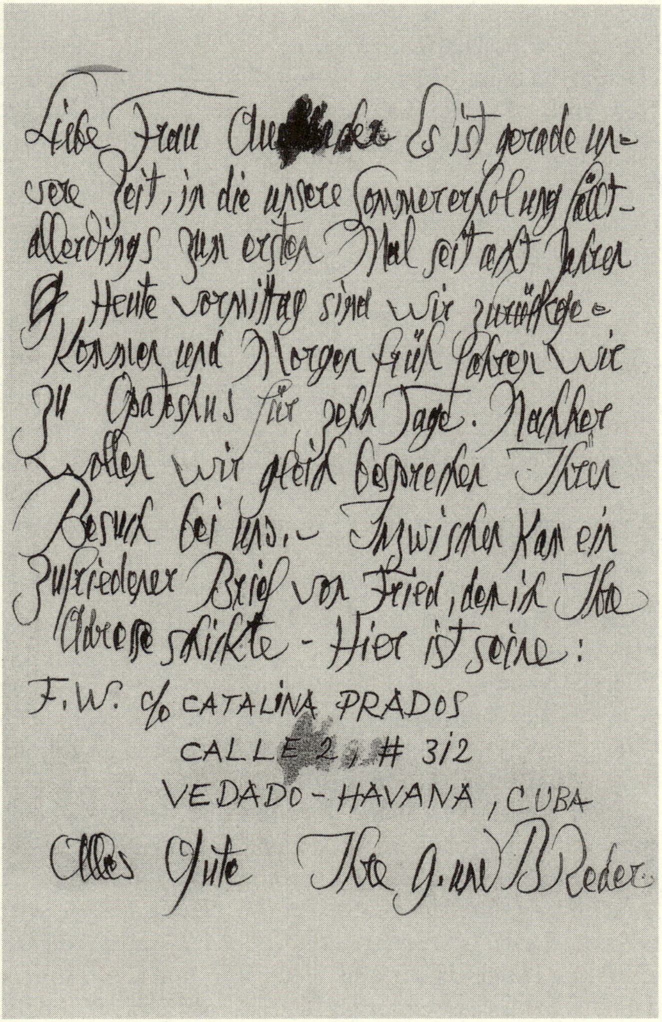

Liebe Frau Au[illegible]der. Es ist gerade unsere Zeit, in die unsere Sommererholung fällt – allerdings zum ersten Mal seit acht Jahren. Heute vormittag sind wir zurückgekommen und Morgen früh fahren wir zu Opatoshus für zehn Tage. Nachher wollen wir gleich besprechen Ihren Besuch bei uns. – Inzwischen kam ein zufriedener Brief von Fried, dem ich Ihre Adresse schickte – Hier ist seine:

F. W. c/o CATALINA PRADOS
CALLE 2, # 312
VEDADO - HAVANA, CUBA

Alles Gute Ihre G. und B. Reder.

Ein Brief des Bildhauers Bernhard Reder. Er gehörte zu den Freunden in Czernowitz und in New York.

und Arbeitsmöglichkeiten für den Bruder, die Mutter und Freunde zu beschaffen. Es gelingt ihr, Vera und Emanuel Hacken die entscheidende Hilfestellung zur Einreise nach New York zu geben. Es gelingt ihr aber nicht, die Mutter oder den Bruder und seine Familie zu sich nach New York zu holen.

30. Januar 1947

Itzik Manger, der große Dichter jiddischer Balladen, schreibt aus London, seiner Zufluchtsstätte vor den Hitlerschergen, an Rose Ausländer. »My dear Roisele« – viel Zärtlichkeit und Freude liegen in dieser Anrede. Manger hat gerade erfahren, daß Rose Ausländer die Shoa überlebt hat und jetzt in New York lebt. Er bringt seine große Freude über diese Nachricht zum Ausdruck und fragt besorgt nach dem Schicksal seiner Schwester, von der er seit Jahren nichts mehr gehört hat. Auch seine Schwester hat überlebt, Rose Ausländer kann ihm mitteilen, sie habe sie 1946 in Bukarest getroffen.[62)]

Itzik Manger und Elieser Steinbarg sind die beiden großen jiddischen Dichter aus der Zwischenkriegszeit in Czernowitz. Ihr Werk wird zur Weltliteratur gerechnet. Rose Ausländer kennt beide. Steinbarg verehrt sie, schreibt mehrere Gedichte über ihn und beschäftigt sich auch mit der Übersetzung seiner gereimten Fabeln ins Deutsche. Mit Itzik Manger verbindet die Dichterin eine langjährige Freundschaft. Sie hat ihn 1926 in Czernowitz kennengelernt, bewundert seine Balladen und Gedichte, übersetzt einige davon und bietet ihm vor allem immer dann, wenn er es benötigt, Unterkunft und materielle Unterstützung. Dies setzt sich auch bei Mangers häufigen Besuchen in Czernowitz und Bukarest fort, nachdem er seinen festen Wohnsitz in Warschau genommen hat. Manger ist nicht nur ein begnadeter Dichter, er ist auch ein

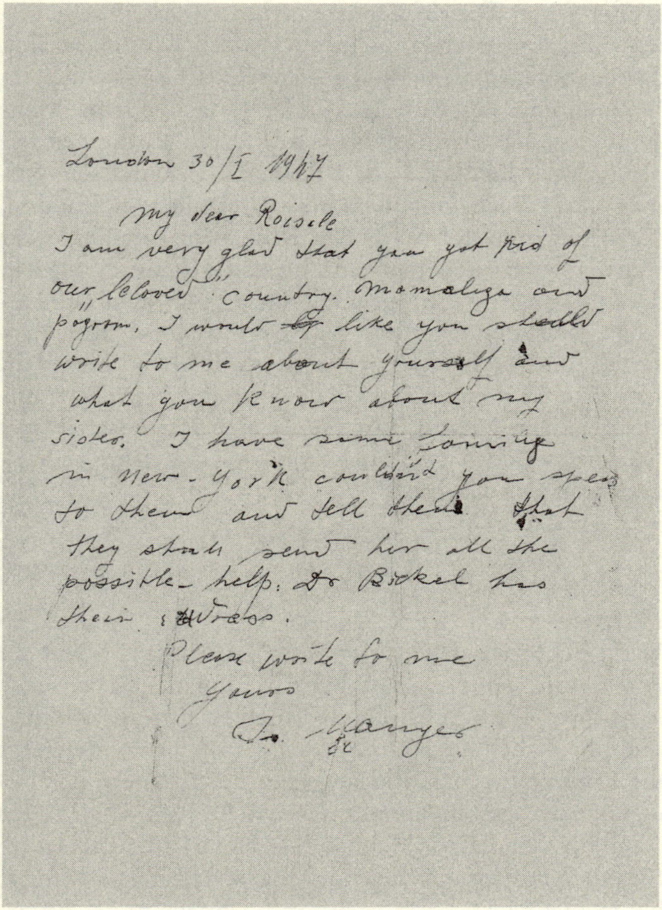

London 30/I 1947

My dear Roisele
I am very glad that you got rid of
our "beloved" country. Mamaliga and
pogrom. I would like you should
write to me about yourself and
what you know about my
sister. I have some family
in New-York couldn't you speak
to them and tell them that
they shall send her all the
possible help. Dr Bickel has
their address.

Please write to me
Yours
I. Manger

Itzik Mangers Brief aus dem Jahre 1947 an »My dear Roisele«
– Mein liebes Röslein

großer Säufer. Die Zeitgenossen erinnern sich, ihn nur selten nüchtern gesehen zu haben. Alfred Kittner erzählt, daß das Sofa, auf dem Manger seine Räusche ausschlief, im Wohnzimmer von Rose Ausländer gestanden habe. Manger übersiedelt 1951 nach New York. Es folgte die Zeit seiner größten Erfolge, seine Balladenbücher und sein Roman »Das Buch vom Paradies« erscheinen in London, New York und Tel Aviv. »Das Buch vom Paradies« wird weltweit verbreitet. In Deutschland erscheint es 1963 in der Übertragung von Salcia Landmann und steht monatelang auf der Bestsellerliste. Bis Rose Ausländer New York verläßt und auch Manger 1965 nach Tel Aviv umsiedelt, setzt sich die Freundschaft zu dem liebenswerten, aber unzuverlässigen Manger fort. Es ist eine Freundschaft mit Distanz zwischen zwei Menschen, die das Erlebte zu Sonderlingen gemacht hat.[63)]

Frühjahr 1947

Kathi Scherzer, die Mutter Rose Ausländers, stirbt im Alter von 73 Jahren in Satu Mare in Rumänien. Die Nachricht ihres Todes führt bei der Tochter zum psychischen und physischen Zusammenbruch. Es ist, als würden jetzt die Dämme brechen, die sie gegen das Erinnern der Ereignisse der letzten Jahre in sich errichtet hat. Die Mutter stand für sie auch für Heimat. Ihre einfache Formel lautet für ihre Kindheit und Jugend: ich lebe mit meiner Mutter, bei meiner Mutter geht es mir gut, ich lebe in der Bukowina, in der Bukowina geht es mir gut, meine Mutter und die Bukowina sind eins. Mit dem Tode der Mutter ist diese Einheit unwiederbringlich verloren, der Verlust der Heimat ist endgültig. Ein halbes Jahr lang bleibt Rose Ausländer in ärztlicher und psychologischer Behandlung und beginnt nach dieser Trauerphase nur langsam, sich in New York zurechtzufinden. Sie findet Anschluß an Emi-

Das letzte Foto der Mutter. Kathi Scherzer starb in Satu Mare in Rumänien im Februar 1947

grantenkreise und deren kulturelle Zirkel. Sie nimmt am öffentlichen kulturellen Leben teil, auch wenn es sich dabei um das öffentliche kulturelle Leben einer deutschsprachigen Minderheit handelt. So gehört sie von 1947 bis 1949 der Gruppe »The New Yorkers« an, die auf Initiative der jüdischen deutschsprachigen Zeitung »Aufbau« gegründet worden war. Diese Gruppe wird von der Dresdener Jüdin Rose Löwenthal geleitet und setzte sich aus deutschsprechenden Überlebenden aller von den Nazis überrannten europäischen Länder zusammen. Im Rahmen der Aktivitäten dieser Gruppe organisiert Mimi Grossberg, eine Jüdin aus Wien, die 1938 mit ihrem Mann nach New York emigrierte, die erste Lesung für Rose Ausländer und sich selbst am 23. April 1949. 1948 erreicht der Immigrationsspezialist Abraham Orlow, insbesondere mit dem Hinweis auf das Leid ihrer Lebensjahre von 1940–1946, daß ihre amerikanische Staatsbürgerschaft wieder anerkannt wird.

Oktober 1949

In »The Raven Anthologie« Nr. 82 erscheint Rose Ausländers Gedicht »Where Shall We Start«.[64)] Es handelt sich um die erste Veröffentlichung eines Gedichtes, welches sie in englischer Sprache geschrieben hat. Ab 1948 kann sie wieder schreiben, die Schreibhemmung, entstanden durch den Tod der Mutter, hat sich gelöst. Aber sie schreibt in Englisch. Das Dichten in ihrer Muttersprache ist ihr verwehrt. Die Publikationen ihrer englischen Gedichte sind in den Literaturzeitschriften »The Raven Anthology«; »Different«; »Voices«; »Pegasus« und »Epos« in der »Epos Anthologie« und in zwei Bänden der »Voyage Press New York« nachweisbar. Weiter erscheinen von ihr angefertigte Übersetzungen von Gedichten ins Englische von Else Lasker-Schüler, Adam Mickiewicz und Christian Morgenstern.[65)]

Warum schreibt sie in englischer Sprache? Selbst sagt sie dazu: »Nach mehrjährigem Schweigen überraschte ich mich eines Abends beim Schreiben englischer Lyrik.«[66] Keine weitere Erklärung, aber es lassen sich Gründe finden. Ein ganz gewichtiger Grund ist sicher, daß ihr das Schreiben in deutscher Sprache, in »der Sprache der Mörder«, als Folge des Erlebten verwehrt ist. Also nicht »nach Auschwitz ist Gedichte schreiben barbarisch« sondern für eine ganze Weile nach Auschwitz ist Gedichte schreiben in deutscher Sprache für sie unmöglich. Verständlich wäre der Sprachwechsel auch bei einem Menschen wie ihr, für den Sprache Heimat ist, als eine Reaktion auf den Verlust der Heimat Bukowina. Sicher ist es aber auch eine Anpassung an den neuen Lebensraum. Seht her, ich bin hier, und nun schreibe ich meine Gedichte englisch; ich will hier meine neue Heimat finden. Ganz pragmatisch kommt hinzu, daß sie nicht für die Schublade schreiben will. Publikationsmöglichkeiten in deutscher Sprache sind aber in New York Ende der vierziger Jahre nur spärlich vorhanden.

Vor kurzem wurde im Nachlaß ein englischer Text Rose Ausländers gefunden. Sie schreibt: »The poet (or writer) living in this country who was not born here and who was raised and educated in another language, is faced by the problem of the influence of English on his writing. … THIRD: However, there is also a third category of poets and writers who lead a double life: While they remain deeply rooted in their original language, they have also absorbed the new language, English, its ideomatic flavor, rhythms, imagery, wordmagic to the extent of identifying themselves with this language-world. As a natural result, this poet is moved to express his poetic experiences also in English. … I am afraid I belong to this category. …«[67]

Damit unterscheidet sich Rose Ausländer deutlich von anderen emigrierten Schriftstellern, die häufig mehr schlecht als recht englisch sprechen, sich Englisch nur als »Alltagssprache« aneignen und ihr schriftstellerisches Werk weiter in deutscher Sprache schreiben. Zu dieser von ihr als FIRST-category bezeichneten Gruppe zählt sie auch Thomas Mann.

In den Jahren ihres englischen Schreibens vollzieht sie einen stilistischen Wandel. Bis vor wenigen Jahren war es ein Rätsel, wie Rose Ausländer bis 1946 traditionell dichtet, in gereimten Versen, den Gesetzen der Metrik folgend und dann nach Ende ihrer englischen Schreibphase ab Mitte 1956 plötzlich »modern« schreibt, ohne Reim, die Fesseln der Metrik abgelegt hat und sofort mit hoher Meisterschaft Anschluß an die neue deutsche Lyrik findet. Seit die in ihrem Nachlaß aufgefunden englischen Gedichte ausgewertet und zum großen Teil 1995 in dem Band »The Forbidden Tree« im Fischer Taschenbuch Verlag publiziert sind,[68] ist auch dieses Rätsel gelöst. Der stilistische Wandel war ein Prozeß über fast acht Jahre hin, und er vollzog sich im Rahmen ihrer englisch geschriebenen Gedichte. Anfänglich handelt es sich dabei ebenfalls um gereimte Texte. Einige Übertragungen alter deutscher Gedichte ins Englische bilden mit den neuen englischen Texten die Basis für die Weiterarbeit und die Stiländerung. Die Gedichte werden im Laufe der Zeit bei Überarbeitungen entreimt, und es entstehen neue, die von vornherein ohne Endreim und ohne Versmaß geschrieben sind. Sie orientiert sich dabei an amerikanischen Dichtern, die ihr Vorbild werden. Zu nennen sind Robert Frost, William Carlos Williams, Wallace Stevens, T.S. Elliot und insbesondere die New Yorkerin Marianne Moore und der Poet E.E. Cummings, der sie sehr stark inspiriert und dem sie sogar bis in seine Form- und Wortschöpfungsexperimente folgt. Die Formexperimente hat sie später aufgegeben, bei vielen Gedichten wieder zurückgeführt; das Finden und der meisterhafte Einsatz von Wortschöpfungen aber macht einen wesentlichen Teil des Reizes ihrer Lyrik aus. Amerikanische Literaturkritiker und Literaturwissenschaftler haben zwar festgestellt, daß Rose Ausländer ein »altmodisches« Englisch schrieb, in dem sich zudem Schulenglisch und amerikanisches Englisch kräftig mischen, sie sprechen aber einem Teil ihrer englischen Gedichte einen hohen Rang zu.

6. März 1950

Rose Ausländer beginnt bei der internationalen Schiffsspedition Freedman & Slater ihre Arbeit als deutsch-englische Sekretärin und Übersetzerin. Zur Zeit dieser Arbeitsaufnahme hat sie bereits die Wohnung der Freunde Königsberg in der Bronx verlassen und ein möbliertes Zimmer mit der Adresse 101 West 73rd Street, Raum No. 5, New York 23, N.Y. bezogen. Damals und in den folgenden Jahren lebt sie zwar in New York, genauer in Manhattan, aber fast ihr gesamtes Leben spielt sich in zwei eng begrenzten Bereichen ab, die wir sehr genau lokalisieren können. Sie wohnt Upper West an der Westseite des Central Parks zwischen Park und Hudson. Das tägliche Lebensumfeld, in dem sie sich bewegt, ist nicht größer als ein Quadratkilometer. Zu den Seiten der Park und der Hudson, nach unten begrenzt durch den Columbus Circle, nach oben durch Harlem. Hier ist ihre erste eigene Wohnung – das bereits benannte möblierte Zimmer in der 73. Straße –, und hier ist auch die Wohnung, die sie nach ihrer Europareise 1958 bezieht; da wohnt sie in der 97. Straße bei Frau Schindelheim in Untermiete. Hier an der Ecke 76. Straße und Broadway ist die Zeitung »Der Aufbau« angesiedelt, in der viele ihrer Gedichte erstveröffentlicht werden, und hier ist in der West End Avenue der deutschsprachige Rundfunksender WEVD untergebracht, von dem ihre Gedichte gesendet werden, und hier leben vor allem viele ihrer Freunde; hier leben die deutschsprachigen Emigranten, genannt seien als Beispiele der aus Czernowitz stammende Dichter Alfred Gong und Oskar Maria Graf, dessen Adresse und Telefonnummer in ihrem Adreßbüchlein aus jenen Jahren eingetragen ist. Es ist fast ein deutschsprachiges Viertel.

Der andere Aufenthaltsbereich ist der Bereich der Arbeit. Freedmann & Slater residieren in der Bridgestreet Nr. 8-10, ganz in der Nähe von Wallstreet und Hafen. Dort verbringt sie ihre Arbeitstage, bei schönem Wetter genießt sie in der Mittagspause im angrenzenden Batterypark die Aussicht auf Staten Island, den Hafen, die Statue of Liberty und auf Ellis Island, welches nunmehr, da die Emigranten mit Flugzeugen kommen, nur noch Museumsinsel ist. Die Nabelschnur zwischen beiden Bereichen bildet die Subway. Die Linien 1 und 2, die dem gesamten Broadway unterirdisch folgen, verbinden Rose Ausländers damaligen Wohn- und Arbeitsbereich. Sie steigt morgens in die Subwaystation an der 72. Straße – später an der 96. Straße – und verläßt die Subway an der Endhaltestelle Bowling Green nur wenige Meter von ihrer Arbeitsstelle entfernt. Am Abend geht der Weg dann umgekehrt. Nach allem was wir von Zeitzeugen wissen, verläßt sie ihre beiden Lebensbereiche nur höchst selten und ungern. Jeder Besuch an anderer Stelle der Stadt und in New Jersey auf dem gegenüberliegendem Ufer scheint ihr beschwerlich gewesen zu sein. Vor der andringenden unüberschaubaren Welt der Metropole zieht sie sich in ihre überschaubaren Viertel zurück. Und während das Viertel sich langsam ändert, die noch deutschsprachige, mittlerweile zweisprachige Emigrantenschar sich etabliert, aufsteigt, das arme Viertel gegen bessere Wohngegenden tauscht, bleibt sie. Ein sozialer Aufstieg gelingt ihr nicht. Sie bleibt eine kleine Angestellte, die in möblierten Zimmern haust, die einen großen Teil ihrer Habe in Koffern aufbewahrt, eine älter werdende, kränkelnde und langsam vereinsamende

1951 – Rose Ausländer lebt seit fünf Jahren wieder in New York.

Emigrantin, noch dazu eine sich zum deutschen Kulturraum rechnende Jüdin, die in jenen Jahren ihre Zugehörigkeit zum jüdischen Volk betont, indem sie ausschließlich ihren jüdischen Vornamen Ruth verwendet. All dies bewirkt, daß sie in New York isoliert bleibt, nicht heimisch wird, eine Fremde ohne Ziel. Manches aus der Tagesfron schlägt sich in ihren New York-Gedichten nieder, sei es, daß sie ihren Tagesablauf in einer Zwangsjacke aus Pflichten schildert, wie in »24 Stunden«, oder aber die Freiheiten und die kleinen Genüsse des Sonntags im Central Park und am Hudson festhält. Ihre vielen New York-Gedichte bestätigen ihren Rückzug auf die beiden Lebensfelder. Central Park, Riverside Park, Columbus Avenue, Metropolitan Opera, Hudson, Battery Park, Freiheitsstatue, Bowling Green, alles was an Landschaft, Fluß, Straßen, Gebäuden benannt wird, gehört in ihre beiden Viertel oder ist von dort wie das Empire State Building gut zu sehen. Der Ausflug ins Guggenheim-Museum auf der Ostseite des Central Parks, in einem Gedicht von ihr festgehalten, mutet da bereits an wie ein Abstecher in eine andere Welt.[69)]

10. – 20. Juli 1956

Rose Ausländer nimmt an der New Yorker City Writers Conference at Staten Island im Wagner College teil. Heute bezeichnen wir solche Veranstaltungen als einen Workshop. Dabei lernt sie Marianne Moore, die vierzehn Jahre ältere amerikanische Schriftstellerin, persönlich kennen, die als eine der besten amerikanischen Lyrikerinnen gilt. Marianne Moore leitet die Veranstaltungen. Sie ist von den englischen Gedichten Rose Ausländers begeistert und veranlaßt sie, auch ihre älteren deutschen Texte vorzulegen. Moore gelingt es, Rose Ausländer aus ihrem Sprachtrauma zu erlösen. Sie macht ihr klar, daß sie ihre

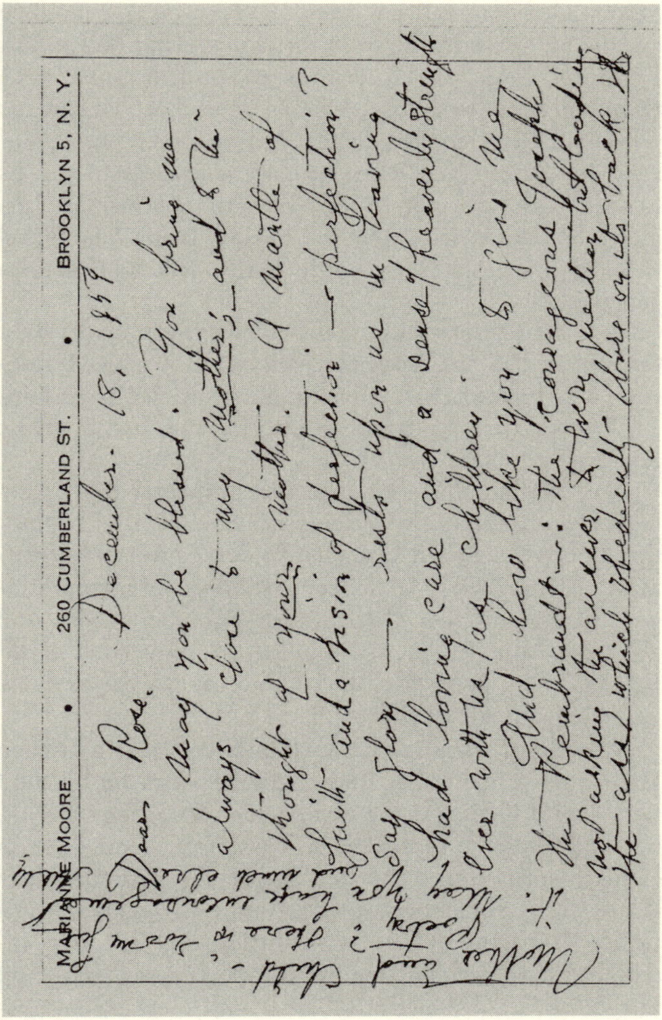
MARIANNE MOORE • 260 CUMBERLAND ST. • BROOKLYN 5, N. Y.

December 18,

Dear Rose.

May you be blessed.

Eine Briefkarte von Marianne Moore, der »mütterlichen« Dichterfreundin.

besten Gedichte nur in ihrer Muttersprache schreiben könne, und verhilft ihr so in ihr »Mutterland Wort«. Die Dichterin folgt diesen Hinweisen und beginnt noch während des Workshops, wieder deutsche Gedichte zu schreiben. Ein Gedicht zeichnet Moore als das beste während der ganzen Konferenz geschriebene Gedicht aus. Es handelt sich um das »poem Eastern in German language«[70] von Rose Ausländer. In dem Band »Die Sichel mäht die / Zeit zu Heu« wurde dieses Gedicht 1985 erstgedruckt.[71]

Aus dem Briefwechsel der beiden Frauen bis 1963 ist erkennbar, daß aus Bekanntschaft und kollegialer Förderung eine Freundschaft entsteht, die von tiefer gegenseitiger Wertschätzung geprägt ist und Bestand hat, bis Rose Ausländer die USA verläßt.

Von Marianne Moore angestoßen, dichtet Rose Ausländer wieder intensiv in deutscher Sprache und beginnt ihre neuen deutschen Gedichte in der Zeitung »Aufbau« zu veröffentlichen.[72] Gleichzeitig stellt sie ihre Bemühungen, ihre englischen Gedichte zu publizieren, ein und zieht sogar die Zusage, sich an einem Sammelband in der Falcons Wing Press of Colorado mit dreißig dieser Texte zu beteiligen, zurück.

Allerdings »springt« sie noch mehrere Jahre zwischen Gedichten in deutscher und englischer Sprache hin und her; verfaßt Gedichte, die sie in beiden Sprachen schreibt, beginnt Gedichte in deutschen Fassungen, setzt diese in englischen Fassungen fort und umgekehrt. Trotzdem verlaufen diese »Sprachperioden« getrennt. In dem bereits zitierten Text schreibt sie auch: »With shorter or longer intervals, I have been writing English poetry ever since, and during my ›English periods‹ I am – with a few exceptions-unable to write in German, and vice versa. I have become, in this respect, a ›split personality‹, shifting from one language plane to the other. This, however, does not imply that this shiftingprocess is a painless procedure. While it came to me quite naturally and not at all deliveratety, it nevertheless, was and still connected with great difficulties, problems and doubts. But I must accept it as a psychological fact (situation) which I cannot change.«[73)]

Dieser »Wechselprozeß« scheint Ende der fünfziger, Anfang der sechziger Jahre zu Ende gegangen zu sein, da sich danach keine neuen englischen Gedichte oder englische Fassungen von Gedichten mehr nachweisen lassen.

Anfang Mai 1957

Lange reift in Rose Ausländer der Plan zu einer Europareise. Sie beantragt einen Paß für eine Reise, die etwa ein halbes Jahr dauern soll; die Überfahrt nach Europa ist auf dem Dampfer »Ille de France« geplant, um verschiedene Länder in Europa zu besuchen. Reisezweck: Literaturstudien, besonders Lyrikstudien. Anfang Mai 1957 schließlich tritt sie diese Reise an, auf einigen Stationen begleitet von Mimi Grossberg. »Eines Abends im Frühjahr 1957 rief sie mich an. Ob ich vielleicht nach Europa fahren wolle? Sie könne mir ein damals nicht leicht zu erhalten gewesenes Bootticket der Holland-America-Linie überlassen, da sie nun Gelegenheit habe, selbst mit einem viel billigeren ›Freighter‹ zu fahren, und wir könnten uns dann in Österreich treffen und einige Zeit zusammen verbringen ... Und ich sagte ja. In Wien wohnten wir in einer Pension in der Hörlgasse, nahe dem Ring, nahe der Votivkirche. Ich nahm Ruth – [Mimi Grossberg verwendet hier den jüdischen Vornamen von Rose Ausländer] – überall hin mit, wohin ich selbst nach all den Jahren wieder wollte.

Nach Schönbrunn zur Gloretten, zu meinen Verwandten, mit denen wir auf den damals noch existierenden Cobenzel fuhren, nach Grinzing, auf den Kahlen- und Leopoldsberg ... Ich fuhr mit Ruth nach Mödling, wo es den tiefgrünen Föhrenwald noch immer gab und die alten Ruinen und wo Ruth vor Entzücken immer höher und höher stieg und nicht rastete, ehe sie jeden lockenden Gipfel erstiegen hatte! Auch in Salzburg waren wir und in Luzern, wo wir alle Winkel und Gäßchen der Altstadt durchliefen und hoch hinaus wanderten bis zu den Türmen, denn Ruth mußte überall ganz oben sein – eher gab sie nicht nach ... Ich fuhr viel früher als Ruth nach New York zurück.«[74)]

28. Mai 1957

Mit dem Schiff fährt Rose Ausländer nach Belgien, Antwerpen. Mit der Eisenbahn setzt sie ihre Fahrt fort und erreicht über Brüssel kommend am 20. Mai 1957 ihre erste Reisestation Paris. Leo Sonntag, ein Freund aus Czernowitz, vermittelt ein erstes Treffen mit Paul Celan, welches wenig ergiebig verläuft. Celan reagiert mit Verstörung auf den »Menschen aus der Heimat«, kann die Besucherin nur kurze Zeit ertragen; immerhin wird ein zweites Treffen für den 28. Mai 1957 vereinbart, das viel harmonischer bleibt. Die beiden sprechen über ihre Arbeit und machen sich mit ihren neueren Texten vertraut. Sie erkennt erstaunt, wie sehr sich Celan von seiner Arbeits- und Ausdrucksweise der früheren Jahre entfernt hat. Er macht sie auch mit der deutschen Moderne bekannt und übergibt ihr schließlich ein Typoskriptblatt mit Texten, welche später in seinem Buch »Sprachgitter« erscheinen und welches er ihr datiert – 28. Mai 1957 – und signiert. Sie empfängt hier durch Celan Eindrücke, die sie nachhaltig darin bestärken, ihren neuen Stil konsequent weiterzuentwickeln. Sie vollzieht in den folgenden Monaten noch präziser ihren Schritt in die Moderne. Die Sechsundfünfzigjährige verläßt nicht mehr ihren Themenkreis, sie ändert jedoch radikal Form und Stil ihrer Dichtung und findet erstaunlich schnell und erstaunlich vollkommen Anschluß an das moderne Gedicht.

Ende Mai 1957

In Paris trifft sie auch Hanna Kawa wieder, die ihr in Czernowitz so viel Überlebenshilfe gab. Es bleibt das einzige Zusammentreffen nach 1946, da Hanna Kawa kurze Zeit später stirbt. Rose Ausländer setzt ihre Reise fort, trifft in Wien Mimi Grossberg und bereist mit dieser Österreich, alleine reist sie dann weiter durch die Schweiz und Italien. Sie meidet Deutschland nicht ganz, sondern hält sich mehrere Wochen in München auf. Sie besucht dort den Schriftsteller Walter Meckauer und dessen Familie, mit denen sie sich in New York befreundet hatte, und spricht bei der Zeitschrift Merkur und bei dem Verleger Dr. Carl Hanser vor und versucht ihre Gedichte unterzubringen. Während des Münchenbesuches lernt sie, durch briefliche Vermittlung von Vera Hacken, den Schauspieler und Kulturjournalisten Michael Ende kennen, der damals seine ersten literarischen Texte schreibt. Er erinnert sich in einem Brief 1994: »An die erste Begegnung mit der Dichterin erinnere ich mich noch recht gut, weiß aber nicht mehr, in welcher Straße Münchens sie damals wohnte. Wenn ich nicht irre, handelte es sich um eine kleine Pension, in der sie ein Zimmer gemietet hatte. Dieses Zimmer war eigenartig: Die Fenster waren mit Decken zugehängt und der ganze Raum wirkte wie ein einziges Lager, eine ›Matratzengruft‹, wie Vera es zu nennen pflegte. R. A. verließ es so gut wie nie. Sie lebte darin wie in einer Höhle, einem immerwährenden Versteck. Ich durfte ihr einige meiner Gedichte vorlesen und ein ziemlich umfangreiches Märchen-Ballett-Libretto. Nach anfänglicher Scheu und Zurückhaltung, war sie dann sehr gesprächig und sagte mir viele ermutigende Dinge. Das

Gespräch drehte sich natürlich in erster Linie um Poesie und Literatur, die anderen Künste schienen sie nicht sonderlich zu interessieren. Die Wirkung, die von ihrer Person ausging, ist schwer zu beschreiben. Sie schien sehr in sich eingesponnen, wie in einen seelischen Kokon – nach außenhin wirkte sie hilflos, fast kindlich, nicht recht von dieser Welt, wie ein kleines Mädchen, das alt geworden war, ohne aufgehört zu haben, ein kleines Mädchen zu sein. Die Ereignisse dieser Welt, von denen Vera ihr berichtete, nahm sie entweder gar nicht zur Kenntnis – so als habe sie nicht verstanden – oder aber mit großem, mir ein wenig übertrieben scheinendem Staunen. Ich habe sie danach in längeren Abständen noch einige wenige Male wiedergesehen, immer in ihrem Zimmer, dann verloren wir den Kontakt – ohne besonderen Grund, es ergab sich einfach so.«[75)]

Als Höhepunkt dieser an großen Momenten reichen Reise empfindet sie ihren Italienaufenthalt. Italien ist ihr Traumland ein Leben lang – »Italien mein Immerland«. Die Dolomiten, die Riviera, Neapel, Rom und endlich Venedig – »Mein Venedig: Leih mir den Glockenton deiner Gläser / Lehr mich das Latein deiner Zaubergassen / Schenk mir einen Strahl / vom Tintorettostern,« und das reine Glück ist es, »einmal von Tauben umworben / auf dem St. Markusplatz« zu sein. Zurück in New York, notiert sie in »Offener Brief an Italien: Mein Italien / ich schreibe dir aus Amerika / daß ich dir huldige.«[76)]

29. Oktober 1957

Rose Ausländer schreibt an Mimi Grossberg und kündigt ihre Rückkehr an. »... Nun aber, Liebe, muß ich gestehen: ich bin so total erschöpft, daß ich gar keine Reiselust mehr habe und – was ich schon gar nicht erwartet habe – ich sehne mich nach New York zurück – es klingt mir selbst unglaubhaft, ist aber wahr. Es ist doch schon die zweite Heimat geworden – Heimat ist zuviel gesagt, aber kommt doch dem Gefühl am nächsten, das New York als ein Zuhausesein empfindet.«[77]

Am 6. November 1957 ist sie in Marseille, geht von dort nach Paris, wo sie erneut Celan aufsucht und ihn mit neuen Texten, die in den letzten Monaten entstanden sind oder ihre neue Form gefunden haben, bekannt macht. Er akzeptiert diese Texte und gibt ihr Empfehlungen, die Gedichte »Blinder Sommer«, »Ruf und Kristall«, »Das unhörbare Herz«, »Immer Atlantis«, »Die Tür« und »Im Osten des Herzens« an verschiedene Zeitungen und Zeitschriften zu schicken. Er wollte wohl auch für sie sprechen, daß diese Gedichte veröffentlicht werden sollten. Aufgrund der Hinweise sendet Rose Ausländer ihre Gedichte an Dr. Carl Hanser, der diese an Hans Bender zur Veröffentlichung in den Akzenten weitergab. Bender wählt »Im Osten des Herzens« aus und publiziert es.[78]

Während ihres letzten Besuchs bei ihm schenkt und widmet Celan Rose Ausländer seine Gedichtbände »Von Schwelle zu Schwelle« und »Mohn und Gedächtnis«. Die Widmung in »Mohn und Gedächtnis« lautet: »Für Rose Ausländer, der ich meine ersten Gedichte zeigen durfte in Gedanken an die toten Freunde und die ferne Heimat. Paris, November 1957, Paul Celan.«[79]

Am 15. November 1957 schifft sich Rose Ausländer auf der »Black Falcon« der Black Diamond Linie in Rotterdam ein. Ihr gesamtes Hab und Gut führt sie mit sich. Da sie vor ihrer Abreise im Mai jenen Jahres aus finanziellen Gründen ihr möbliertes Zimmer aufgegeben hat – sie will nicht gleichzeitig die Miete zahlen und länger verreisen –, führt sie ihren ganzen Besitz in zwölf Koffern mit sich. Acht davon hat sie bei der American Express in Antwerpen für die Dauer der Reise eingelagert. Vier Koffer schleppt sie während der ganzen Reise mit sich, was das Reisen zusätzlich beschwerlich macht. Auf ihre schriftliche Bitte hin hat Mimi Grossberg versucht, für sie wieder ein möbliertes Zimmer zu mieten. Nachdem dies nicht gelungen ist, findet sie für etwa ein Jahr Aufnahme in 1010-Hartman Lane, Far Rockaway 91, Long Island, New York. Wieder einmal ist es der Freund Walter Bernard, der ihr in seinem romantischen Holzhaus vor den Toren New Yorks diese Hilfe gibt.

18. März 1958

Rose Ausländer schreibt aus New York an Paul Celan in Paris: »Lieber Herr Celan: Ich hätte Ihnen laengst geschrieben und die versprochenen Abschriften Ihrer Gedichte geschickt, wenn ich nicht kurz nach meiner Rückkehr schwer erkrankt waere, und als ich mich ein wenig erholte, konnte ich die Gedichte nicht finden. Gestern fand ich sie, schrieb sie ab und hier sind sie.

Dankbar, sehr dankbar bin ich Ihnen, dass Sie mich in Ihr Schaffen Einblick nehmen liessen. Ihre neuen Gedichte und Ihre Rimbaud Uebersetzung haben mich aufs tiefste beeindruckt. Wie Sie wissen, habe ich mich zu Ihrer Dichtung – als ich sie in Czernowitz erleben durfte, sofort bedingungslos und begeistert bekannt. Sie war und blieb mir wichtig – obwohl Ihre Dichtung seither grosse Wandlungen erfahren hat und Ihre letzten Gedichte so hermetisch sind, haben mich gerade diese in ihrer Besonderheit und Visionskraft aufs staerkste beruehrt. ...«[80)]

Sie versucht mit diesem Brief an ihre Besuche bei Celan im Jahre 1957 anzuknüpfen, versucht mit ihm in ein »Gespräch« über seine Texte zu kommen und bittet ihn um weitere Fürsprache bei Walter Höllerer, Hans Bender, Ingeborg Bachmann und anderen, sie übermittelt Grüße von Chaim Gininger und Alfred Kittner.

Celan antwortet auf diesen Brief nicht. Er beschränkt sich darauf, in den Folgejahren gelegentlich über Robert

In diesem Haus wohnte Rose Ausländer ab Ende 1958 zur Untermiete bei Frau Schindelheim.

Altmann und Peter Jokostra Grüße ausrichten zu lassen. Rose Ausländer akzeptiert sein Schweigen und sucht auch ihrerseits den Kontakt nicht mehr. Sehr wohl aber verfolgt sie sein Dichten, kauft seine Bücher und bewahrt Zeitungsartikel über ihn und sein Werk auf.

4. August 1958

Michael Ende stellt Gedichte von Rose Ausländer im Bayrischen Rundfunk in München vor. Die Ausstrahlung erfolgt in der Sendung »Der Kulturspiegel« von 22.30 Uhr bis 23.00 Uhr. Rose Ausländer erhält von der Rundfunkanstalt ein Honorar von DM 100,-, das ihr nach New York an ihre neue Adresse c/o Schindelheim, 229 West 97th Street überwiesen wird. Es ist das erste Mal, daß Texte von ihr im Rundfunk gelesen werden, und es ist das erste Mal überhaupt, daß ihre Gedichte in Deutschland verbreitet werden.

29. November 1959

»20 Minuten nach Deiner wunderbaren Vorlesung – November 29-th. Ach, Röslein, begeistert, begeistert war ich! Die Ettingers und Georgerl sind verzaubert mit mir vor dem kleinen Kasten dagesessen. Muniu ist in Brooklyn und wird es von dort abhören. ... Deine Stimme war herrlich, tief, unruhig-ruhig, etwas rauh, von jener schönen, warmen Rauheit, die gewöhnlich so innig von Seele und Tiefe spricht. Die Gedichte-herrlich. ... Ich bin ganz hin von diesem Erlebnis und finde nicht die treffenden Worte Dir meine Erregung mitzuteilen. Oh, wenn sie Dich nur alle so verstünden, wie wir hier ...« [81)]

Es ist Vera Hacken, die nach einer Rundfunksendung, in der Gedichte Rose Ausländers gelesen und ein Ge-

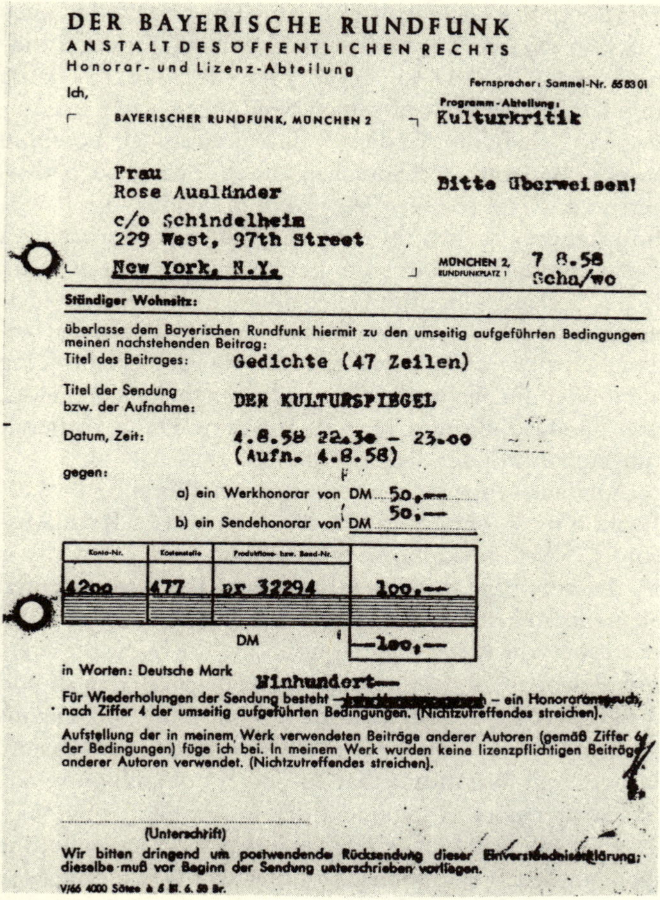

DER BAYERISCHE RUNDFUNK
ANSTALT DES ÖFFENTLICHEN RECHTS
Honorar- und Lizenz-Abteilung

Fernsprecher: Sammel-Nr. 558301

Ich,

BAYERISCHER RUNDFUNK, MÜNCHEN 2

Programm-Abteilung: Kulturkritik

Frau
Rose Ausländer
c/o Schindelheim
229 West, 97th Street
New York, N.Y.

Bitte überweisen!

MÜNCHEN 2, RUNDFUNKPLATZ 1 7.8.58
Scha/wo

Ständiger Wohnsitz:

überlasse dem Bayerischen Rundfunk hiermit zu den umseitig aufgeführten Bedingungen meinen nachstehenden Beitrag:

Titel des Beitrages: Gedichte (47 Zeilen)

Titel der Sendung bzw. der Aufnahme: DER KULTURSPIEGEL

Datum, Zeit: 4.8.58 22.3o – 23.oo (Aufn. 4.8.58)

gegen:

a) ein Werkhonorar von DM 50,—

b) ein Sendehonorar von DM 50,—

Konto-Nr.	Kostenstelle	Produktions- bzw. Band-Nr.	
42oo	477	pr 32294	1oo,—
		DM	1oo,—

in Worten: Deutsche Mark Einhundert—

Für Wiederholungen der Sendung besteht ~~kein Honoraranspruch~~ – ein Honoraranspruch, nach Ziffer 4 der umseitig aufgeführten Bedingungen. (Nichtzutreffendes streichen).

Aufstellung der in meinem Werk verwendeten Beiträge anderer Autoren (gemäß Ziffer 6 der Bedingungen) füge ich bei. In meinem Werk wurden keine lizenzpflichtigen Beiträge anderer Autoren verwendet. (Nichtzutreffendes streichen).

(Unterschrift)

Wir bitten dringend um postwendende Rücksendung dieser Einverständniserklärung; dieselbe muß vor Beginn der Sendung unterschrieben vorliegen.

V/66 4000 Sätze à 5 Bl. 6. 58 Br.

Ein erstes Honorar aus Deutschland. Der Bayrische Rundfunk zahlt für die Ausstrahlung von Gedichten am 4. August 1958.

spräch mit der Dichterin geführt wurde, aufgewühlt einen Brief an die Freundin schreibt. Der New Yorker Rundfunksender WEVD hat gegen Ende der fünfziger Jahre mindestens zweimal in seinen Sendungen Rose Ausländer, ihr Leben, ihre Gedichte, ihre Situation als Poetin in zwei Welten und zwei Sprachen und ihr poetisches Selbstverständnis vorgestellt. Peter M. Lindt leitet die Rundfunkstation, die über ihr deutsch- und englischsprachiges Programm insbesondere Emigranten aus Europa erreicht. Rose Ausländer hat die Gelegenheiten, ihre Texte, Meinungen und Vorstellungen einem großen Publikum zugänglich zu machen, gerne genutzt; sie hat sich sorgfältig auf die Sendungen vorbereitet und schriftlich niedergelegt, was sie den Zuhörern vermitteln wollte. Diese Vorbereitungstexte befinden sich im Nachlaß.

Auf eine entsprechende Frage von Florence Becker-Lennon im Gespräch am 29. 11. 59 antwortet Rose Ausländer: »Well, metaphoric or symbolic poetry actually is my favorite type. I believe that two of the most essential elements in a substantial poem are: fresh metaphors and overtones, the metaphors representing the body, the overtones the soul and spirit of poem. The overtones should evoke a wealth of associations and meanings on various levels. This is achieved by allusion and compression. However, it also means that an element of ambiguity and obscurity enters. A statement that is absolutely obvious – as: the table has four legs is very clear und has only one meaning but is not poetry. In other words, a good poem bides as much as it shows (or more) and provokes the listener to complete the vision which the images and overtones intend to create and all that is alive and vibrating between the lines: atmosphere, magic and undercurrents running in many directions. Clarity in a poem, I feel, should not be logical but metaphoric clarity, though both may coincide. Naturally, the metaphors must as precisely as possible fit the poetic situation.« [82)]

8. Dezember 1961

Krankheitsbedingt endet die Arbeit bei Freedman & Slater; Rose Ausländer wird Rentnerin. Sie erhält Bezüge aus einer privaten Altersversicherung. Natürlich will sie sich fortan verstärkt ihrer dichterischen Arbeit widmen. Sie beginnt auch wieder journalistisch zu arbeiten und veröffentlicht zum Beispiel Porträts von Bernard Reder und Salomon Winninger in der Zeitschrift »Die Stimme« in Tel Aviv. Häufige Lesungen in literarischen Clubs, im Austrian Institute, in deutschsprachigen Programmen des Rundfunksenders WEVD sichern ihr Aufmerksamkeit. Für das Studienjahr 1960/61 wird ihr ein Arbeitsstipendium der Conference on Jewish Material Claims Against Germany, New York zugesprochen. Die Verwirklichung der dort angegebenen Prosa- und Romanprojekte, die sich insbesondere mit den Erlebnissen in Czernowitz und der Bukowina von 1931 bis 1946 befassen sollten, ist aber nicht nachweisbar. Zumindest liegen derzeit, von wenigen Fragmenten im Bestand des Nachlasses abgesehen, solche Texte nicht vor.

28. Mai 1962

In einem Brief an das Ehepaar Reder schreibt die Dichterin: »Liebe Frau Reder, verehrter Meister! Die drei Stunden in ihrem Atelier – ich habe sie nicht vergessen. ... Wie hat unser geliebtes Czernowitz wieder aufgelebt unter Ihren Worten – wie oft bin ich seither die Russische Gasse bis zur Pizeligasse hinuntergegangen, an Dr. Zaloziecki vorbei, am Steinmetz Reder vorbei, bis zum Haus des Hofrats Negrus, wo wir wohnten, mitten in einem paradiesischen Garten voller Äpfel- und Birnenbäume, Rosenstöcke, Lilien und scharlachrot blühenden Quittenbäume. Aber weit über das Idyllische hinaus: jenes Milieu, jene schöpferische Atmosphäre, die uns geformt hat.«[83] Das Gefühl, daß New York so etwas wie Heimat sei – wie sie es 1957 aus Italien an Mimi Grossberg geschrieben hat –, hat nicht lange vorgehalten, Rose Ausländer nimmt bereits Abschied von Amerika. Sie hat erkannt, daß ihre reale Heimat verloren ist und ihre zukünftige Heimat in der Sprache liegt. Sie will in diese Sprachheimat, zurück in »unser verwundetes, geheiltes Deutsch«.[84] Sie beginnt ihre Rückkehr nach Europa, nach Österreich vorzubereiten.

Mai 1963

Der Bruder Max Scherzer, seine Frau Bertha und die beiden Kinder Harry und Katharina erhalten die Ausreisegenehmigung aus Rumänien. Wie alle jüdischen Aussiedler aus den Ostblockstaaten gelangen sie zunächst in ein Durchgangslager in Wien und müssen dort auf ihre Weiterreise warten. Sie beantragen die Einreise in die USA. Als Rose Ausländer von der Ankunft ihrer Familie in Wien erfährt, bucht sie sofort eine Schiffspassage nach Amsterdam und reist mit dem Zug weiter nach Wien. Harry Scherzer erinnert sich: »Als ihre Ankunft bevorstand bat mich mein Vater, ich solle die Tante Osia am Bahnhof abholen. Tate, ich kenne sie doch gar nicht mehr, wie soll ich auf dem Bahnhof wissen, wer es ist. Mein Vater beruhigte mich. Es ist nicht schwierig, die Tante Osia zu erkennen. Stell dich auf den Bahnsteig und schau zu, wenn die Leute aus dem Zug steigen. Die Frau, die das meiste Gepäck dabeihaben wird, das ist deine Tante Osia. Ich stellte mich auf den Bahnsteig und ich habe sie sofort erkannt. Ein ganzer Berg wurde neben ihr aufgetürmt. Es waren insgesamt achtzehn Koffer und Schachteln, niemand sonst führte auch nur annähernd soviel Gepäck mit sich.«[85]

Zum ersten Mal nach siebzehn Jahren sieht Rose Ausländer ihren Bruder, seine Frau und Harry wieder; die Nichte Katharina sieht sie erstmals in ihrem Leben. Das glückliche Beisammensein wird schon wenige Wochen später durch Trauer getrübt, die Schwägerin Bertha stirbt an einem Krebsleiden am 25. Juni 1963. Sie wird auf dem Zentralfriedhof in Wien beerdigt.

Die Ausreise Max Scherzers und seiner Kinder verzögert sich. Rose Ausländer nutzt die Zeit, um wieder Spanien und Italien zu bereisen, sie absolviert mehrere Kuren und besucht erstmalig vom 20. August bis 23. September 1963 Israel, kehrt von dort noch einmal nach Wien zurück, und als der Abreisetermin der Familie feststeht, reist sie nach New York voraus. Am 29. Oktober 1963 treffen Max Scherzer und die beiden Kinder in New York ein und lassen sich dort nieder.

11. Mai 1964

Nelly Sachs antwortet aus Stockholm auf eine Anfrage von Rose Ausländer: »Liebe Frau Ausländer, sehr gefreut habe ich mich über Ihre Zeilen und will sie sofort beantworten. Meine Telefonnummer ist: 68 48 43 am besten morgens bis 11 Uhr bin ich mit seltenen Ausnahmen anzutreffen aber auch Nachmittags. Versuchen Sie nur. Ich würde mich herzlich freuen Sie zu treffen. Ich war lange Jahre im Krankenhaus aber seit dem letzten Winter wieder in meiner Wohnung. Hoffentlich habe ich Ihre Adresse richtig gelesen. Das scheint wohl das Schiffahrtsbüro zu sein, das Sie angaben.

Herzlich Willkommen!
Ihre
Nelly Sachs«[86]

Rose Ausländer plant eine Skandinavienreise, gerne würde sie während dieser Reise Nelly Sachs aufsuchen. Leider kommt es nicht zu dem Besuch, sie verschiebt die Reise von Jahr zu Jahr, und als sie im Juli / August 1970 schließlich doch durch Dänemark, Schweden und Norwegen fährt – unter anderem mit einem Postschiff der Hurtigruten zum Nordkap, eine wegen Krankheiten »mißlungene« Reise –, ist Nelly Sachs bereits verstorben. So bleibt es bei zwei kurzen Treffen der beiden anläßlich der Verleihung des Friedenspreises des Deutschen Buchhandels an Nelly Sachs am 17. 10. 1965 in der Paulskirche in Frankfurt am Main und bei einer Lesung von Nelly Sachs wenige Tage später in Berlin.

Oktober 1964

Die Dichterin bricht begleitet von einem verwandten Ehepaar zu einer vierwöchigen Reise nach Israel auf. Es ist das zweite und bleibt das letzte Mal, daß sie Israel besucht. Trotzdem ist Israel ihr »Meinland / Deinland«, und sie schreibt: »Wenn ich die Augen nach Osten / schließe / schwingt Jerusalem auf dem Hügel / fünftausend Jahre jung / herüber zu mir / im Orangenaroma«.[87)] Natürlich wollte sie die heiligen Stätten besuchen, sich ein eigenes Bild von Israel machen, sie wollte aber auch prüfen, ob es in Israel bessere Lebensbedingungen für ihren Bruder geben würde, der in New York nicht zurecht kam, dem es vor allem nicht gelang, eine Arbeit zu finden.

Ein einziges Mal in ihrem Leben besteigt sie ein Flugzeug, um von Tel Aviv nach Eilat und zurück zu fliegen; es stellen sich dabei so gravierende Ohrenprobleme ein, daß sie nie wieder ein Flugzeug nutzt.

Edith Silbermann erinnert: »Rose Ausländer war auch in Israel gewesen, um nach dieser Alternative Ausschau zu halten, aber obwohl sie von den Leistungen, die dort voll-

1964 hält sich die Dichterin zur Kur in Montecatini / Italien auf.

bracht wurden, voller Ehrfurcht sprach und vor allem von Jerusalem begeistert war, sah sie für ihre Verwandten und besonders für sich keine Bleibe in diesem Land, befürchtete, das selbe Schicksal zu erleiden wie Else Lasker-Schüler und sehnte sich danach, in einem deutschsprachigen Milieu zu leben.«[88)]

Auch Max Scherzer verspricht sich trotz allem in New York ein besseres Fortkommen durch die Unterstützung von New Yorker Juden. Er beschließt deshalb zu bleiben. Zwar stellt sich bald heraus, daß die erhoffte Unterstützung ausbleibt, aber seinen beiden Kindern gelingt der Einstieg in den USA, sie studieren und finden Arbeit. Harry Scherzer ist heute Mitinhaber einer Ingenieurfirma in Manhattan, die Sozialarbeiterin Katharina Scherzer-Wenger lebt mit ihrer Familie, ihr Mann ist Mediziner, in der Nähe von Boston.

November 1964

Nach der Rückkehr aus Israel übersiedelt Rose Ausländer nach Wien in das ersehnte deutschsprachige Milieu, und wieder bleibt sie heimatlos, eine Fremde. »Es war meine Stadt / weil ich sie liebte / Unnahbar die Menschen / der ewige Widerspruch.«[89)] Konkret erzählt sie, sie habe in Wien einen schlimmen Antisemitismus erleben müssen. Damit hat sie nur zwanzig Jahre nach Auschwitz nicht gerechnet. Da sie einerseits in Wien nicht bleiben kann, andererseits aber den deutschen Sprachraum nicht wieder verlassen will, entschließt sie sich, nach Deutschland zu gehen. Dr. Jakob Silbermann, der mit seiner Frau Edith seit 1964 in Düsseldorf wohnt, rät ihr, auch nach Düsseldorf zu kommen. Er sagt ihr Unterstützung zu und weist darauf hin, daß in der dortigen jüdischen Gemeinde etliche Landsleute aus Czernowitz und anderen Orten der Bukowina leben.

31. März 1965

Rose Ausländer füllt ihre Anmeldung für das Einwohnermeldeamt der Stadt Düsseldorf aus. Ihre Adresse: Pension Cordes, Gustav-Poensgen-Str. 9. Sie ist in Düsseldorf, aber sie mietet keine Wohnung, lebt in dieser Pension, zwischendurch auch monatelang bei Freunden, lebt aus ihren Koffern, rastlos, immer bereit zu neuem Aufbruch.

Ein letztes Mal sei Edith Silbermann zitiert: »Er [mein Mann] holte sie vom Bahnhof ab, brachte sie in einer billigen Pension in der Poensgenstraße unter, wo auch zwei andere ältere Damen aus unserer Heimatstadt, die Witwe von Dr. Mayer und die ehemalige Opernsängerin Sylvia Altheim-Feller, damals wohnten und half ihr aufgrund ihrer Zugehörigkeit zum deutschen Kulturkreis die nötigen Schritte zu ihrer Einbürgerung (doppelte Staatsbürgerschaft) einzuleiten, die Voraussetzung für die aufgrund der während der Nazizeit erlittenen Verfolgung erlangten Entschädigung und Gesundheitsrente ... Ihre vertrauten Zimmernachbarinnen waren längst ausgezogen, hatten sich eigene Wohnungen eingerichtet, sie hätte sich dies auch schon leisten können, blieb aber in dieser bescheidenen, im Dirnenviertel hinter dem Bahnhof gelegenen Pension. ... Die Pensionsbesitzerin [Frau Cordes] kümmerte sich allerdings rührend um sie, und an Komfort oder Luxus war Rose Ausländer nie gewöhnt, und es lag ihr auch nicht daran. Sie war völlig auf ihre Person, ihre Arbeit konzentriert, hatte allerlei Wehwehchen, mußte Diät halten, litt an Schlaflosigkeit, verbrachte den ganzen Vormittag, manchmal sogar den ganzen Tag im Bett, wo sie nicht bloß ihre Gedichte verfaßte, sondern auch ihre umfangreiche Korrespondenz erledigte. Ein Meer von Papier überflutete das kleine Zimmer, anrufen durfte man sie nicht vor Mittag, sonst überschüttete sie einen mit Vorwürfen, ja brach in Zorn aus; besuchte man sie, mußte man über

Stöße von Zeitschriften steigen oder mit solchen als Sitzplatz Vorlieb nehmen, da die wenigen Stühle mit anderen Drucksachen belegt waren.« [90)]

Die Auswertung verschiedener Briefwechsel aus dem Nachlaß Rose Ausländers ergab, daß sie sich in der Zeit von 1965 bis 1972 pro Jahr nur jeweils drei Monate mit Unterbrechungen in Düsseldorf aufgehalten hat. Die übrige Zeit war sie auf Reisen zu Freunden, Lesungen und literarischen Terminen, zu Kuren und um andere Städte, andere Länder, andere Menschen kennenzulernen. Der Aufenthalt in Düsseldorf in einer Pension war also sinnvoll und angemessen.

23. August 1965

Es ist ein schönes Buch. Handlich im Format, mit einem gelb bezogenen Pappeinband. Aufgeklebt ein dunkelbraunes Schild: »Rose Scherzer-Ausländer, Blinder Sommer, Gedichte.« [90)] 26 Jahre nach dem Erstlingsbuch erscheint im Bergland-Verlag in Wien der zweite Gedichtband der Lyrikerin. Nach allem, was sie hinter sich gebracht hat, ist es eine literarische Auferstehung. Bereits Ende 1962 hatte die Dichterin auf Empfehlung von Alfred Gong, dessen Buch »Manifest Alpha« soeben im Bergland-Verlag erschienen war, dreihundert seit 1956 entstandene Gedichte an Dr. Rudolf Felmayer gesandt, der im Bergland-Verlag als Herausgeber der Reihe »Neue Dichtung aus Österreich« tätig war. In dieser Buchreihe haben unter anderem auch Friederike Mayröcker und Ernst Jandl debütiert. Als Rose Ausländer im Juni 1963 in Wien ist, sucht sie Felmayer auf und stellt fest, daß dieser sich noch nicht mit ihren Texten befaßt hat. Als »Entschuldigung« schenkt er ihr eines seiner eigenen Bücher mit der Widmung: »für Frau Rose Ausländer zum Kennenlernen ihres etwas verzweifelten Herausgebers, herzlich Rudolf Felmayer, Wien,

21. Juni 1963.«[91] Auf ihr Drängen liest er die Texte und ist so begeistert, daß er das Erscheinen eines Bandes zusagt. Im Laufe des Jahres 1964 wählt Felmayer 105 Gedichte aus und gibt der Sammlung den Titel »Blinder Sommer«. Das Titelgedicht stammt aus dem Zyklus Gettomotive, war aber zwischenzeitlich durch die Autorin stark überarbeitet worden, es gehörte zu den sechs Gedichten, die auch schon Celan 1957 beeindruckt hatten. Nach der Zusammenstellung des Manuskripts meldet sich Felmayer wieder mit einem Widmungsexemplar, diesmal mit dem Band »Amor, schöner Engel« von Herma Gunert. Die Widmung lautet: »Die Dichterin der Dichterin! Für Rose Ausländer anläßlich der Durchsicht ihrer Manuskripte von Rudolf Felmayer, Wien, 26. Juni 1964.«[92]

Der Abschluß des Verlagsvertrages erfolgt am 25. 10. 64. Die Buchreihe wird durch das österreichische Schul- und Bildungsministerium gefördert. Da es noch geraume Zeit dauert, bis die Förderzusage vorliegt, erscheint der Titel erst im August 1965, nachdem sich Rose Ausländer bereits entschloß, Wien zu verlassen, und sich in Düsseldorf ansiedelte.

Der Gedichtband findet zwar bei der Kritik Beachtung und hat für die Autorin zukünftig eine wichtige Türöffnerfunktion bei den Medien und den Verlagen, erreicht jedoch das Lesepublikum nicht. Der Verlag hat von vornherein nur eine Auflage von 500 Exemplaren drucken lassen und unternimmt keine nennenswerten Verkaufsbemühungen. Etwa 150 Exemplare übernimmt Rose Ausländer, rund 100 Bände gehen an die Presse, 156 Restexemplare kauft 1975 der Literarische Verlag Braun, Köln auf, damit die Rechte auf ihn übertragen werden können. Somit sind nur rund 100 Bände des »Blinden Sommer« über den Buchhandel verkauft worden.

21. September 1965

Für ihre Freunde in New York steht keinesfalls fest, daß Rose Ausländer wirklich in Deutschland bleiben wird. So schreibt ihr Alfred Gong noch am 21. 9. 1965: »... Ich hoffe, Sie bald wieder zu Hause zu sehen. Doch bevor Sie Europa verlassen, versuchen Sie einen Band in Deutschland anzubringen.« [93)]

2. Mai 1966

Reisen kostet Zeit und Geld. Seit Rose Ausländer in Deutschland lebt und dadurch vom günstigen Dollarkurs ihrer Altersrente profitiert, sich ihre materielle Versorgung damit entsprechend gebessert hat, kann sie sich im bescheidenen Rahmen ihren Traum vom Reisen erfüllen. Wieder besucht sie Frankreich. Vor dieser Fahrt holt sie sich Rat bei Peter Jokostra, mit dem sie damals in engem brieflichen Kontakt steht. Unter dem oben genannten Datum schreibt er ihr: »Mein Reisebuch – Einladung nach Südfrankreich – ist erschienen und in der Welt der Literatur sozusagen mit einer Laudatio in Grußformat begrüßt worden. Also man kann nur noch mit Jokostra in der Tasche in den Süden reisen.« [94)]

Dem Brief ist das Buch beigefügt. Tatsächlich wird es zum Leitfaden für die Reise. Rose Ausländer arbeitet es durch mit Anstreichungen und Anmerkungen und hakt auf der mitgedruckten Landkarte ihre Reisestationen ab. Zu all diesen Stationen schreibt sie auch Gedichte, hält fest, was sie sieht, denkt und fühlt.

Peter Jokostra ist der erste »Vertraute« der Dichterin in Deutschland. Gong hat auf ihn als Herausgeber von Lyrikanthologien hingewiesen, und sie schickt ihm daraufhin Texte ein, von denen er 1964 zwei in der Gedichtsammlung »Keine Zeit für die Liebe« im Limes-Verlag veröffentlicht. Jokostra war als »zorniger, junger Mann« 1958 aus der DDR in die BRD geflüchtet. Er veröffentlicht Gedichte und Prosa u. a. im Luchterhand-Verlag, bei Claassen und bei Hoffmann & Campe. Er arbeitet viel für den Rundfunk und betätigt sich als Literaturkritiker. Als solcher stellt er viele der Gedichtebände Rose Ausländers in verschiedenen Zeitungen und im Rundfunk vor. Rasch entsteht zwischen beiden ein lebhafter Briefwechsel; beide gehen uneitel, geradlinig und ehrlich miteinander um, so daß Rose Ausländer sich öffnet und Auskunft gibt über ihr Leben, ihre Situation in New York, in Wien und in Deutschland und ihr Dichten, worüber sie sich sehr selten geäußert hat. So schreibt sie am 22. 2. 1964 einen Brief an Jokostra: » ... Daß Sie für meine Lyrik einen ›Nerv‹ haben, beglückt mich und ich rechne es Ihnen hoch an, daß meine 3 Gedichte trotz Kürzungsvorschlag des Verlegers in Ihrer Anthologie bleiben. Ich gehöre keiner Clique, keiner Koterie an, lebe hier abseits vom literarischen Getriebe und raffe mich nur selten auf, meine Verse zur Veröffentlichung vorzulegen. Sie *er*mutigen und *ent*mutigen mich in einem Atemzug. Ich bezweifle nicht, daß die von Ihnen mit soviel Charme und Humor geschilderte Literatursituation in Deutschland, namentlich in Bezug auf Lyrikveröffentlichungen, eine makabre ist und daß der Dichter dem ›Kannitverstan‹, dem Sadismus und der pathologischen Abreagierung von Kritikern, die die Literaturszene beherrschen, ausgeliefert ist. Trotzdem hören die Dichter nicht auf zu publizieren – selbstverständlich, denn das ›Fabulieren‹ ist zwar eine Zwangshandlung, aber der Dichter spricht nicht zum Spiegel, er will gehört werden, er steigt ›hinab zu den Sternen‹, verwandelt sie, die hellen und dunkeln, in Sprachfiguren, nicht nur, um sie selbst zu bestaunen, sondern um sie zu verschenken. Trauer und Vereinsamung: Wenn sie nicht angenommen werden. ... Sie haben ein Dutzend Freunde und begeisterte Leser Ihrer Lyrik? Da muß ich Sie beglückwünschen. Mit einem

Dutzend Apostel (oder sind es ›zornige junge Männer‹?) könnte man – vielleicht – ein Weltreich stürzen, ein anderes erobern. Auf Ihr Buch ›Ein bundesdeutsches Abenteuer‹ bin ich sehr gespannt. ...«[95)]

Die Freundschaft schließt auch die Familie Jokostra ein, die Rose Ausländer bei mehreren Besuchen in Linz am Rhein kennenlernt. Der intensive Briefkontakt besteht bis Mitte der siebziger Jahre, entsprechend ihrer aus gesundheitlichen und altersbedingten Gründen nachlassenden Fähigkeit, Korrespondenzen zu führen, versandet er schließlich und beschränkt sich in den achtziger Jahren auf die Übermittlung von Geburtstags-, Weihnachts- und Neujahrsgrüßen von Peter Jokostra.

Rose Ausländer geht nach der Frankreichreise zur Kur nach Montecatini, ist wieder in ihrem geliebten Italien, sieht noch einmal Rom und zum letztenmal Venedig – »Träum weiter / das Märchen Venedig.«[96)] In die Schweiz zieht es sie, gleich drei Gedichte widmet die Lyrikerin dem Jungfernjoch. In Zürich hält sie eine Lesung und eine in Wien. Überhaupt sie kommt herum. Lesungen, Veranstaltungen, Tagungen, Preisverleihungen, Besuche bei Bekannten und Freunden führen nach Stuttgart, Reutlingen, Meersburg, Konstanz, Überlingen, München, Hamburg, die Hölderlinverehrerin besucht Tübingen, Köln, Königstein, die Lorelei – immer wieder entstehen Gedichte, die das Gesehene, Gefühlte und Gedachte festhalten.

7. Oktober 1966

Rose Ausländer schreibt in ihrem zweiten Brief an Ursula Ratjen in Vaduz: »Liebe, sehr liebe Frau Ratjen, erst jetzt kann ich Ihnen ein paar Worte schreiben – und hatte doch gleich nach unserem Adieu ein starkes Bedürfnis, Ihnen zu sagen, wie dankbar ich Ihnen bin für Ihre Güte, den

Abend und den Tag, den Sie mir – nebst den anderen Gaben – schenkten, und dies in einer Sie so bedrängenden Zeit. Es hat mich sehr gerührt. Ich schätze Ihre Schätzung, Ihre – darf ich sagen? – Freundschaft und erwidere beides aufs herzlichste.«[97)]

Rose Ausländer lernt die einige Jahre jüngere Ursula Ratjen und deren Sohn Wolfgang während eines Kuraufenthaltes in Bad Wiessee kennen. Der vorliegende Briefwechsel dokumentiert die entstandene Freundschaft. Von den Briefen abgesehen, kam es zu vier Begegnungen zwischen Rose Ausländer und Ursula Ratjen und zu insgesamt neun Treffen mit Wolfgang Ratjen. Diese schmale Basis hat ausgereicht, die freundschaftliche Beziehung über einen Zeitraum von zwanzig Jahren aufrechtzuerhalten.

Wolfgang Ratjen hat festgehalten: »Rose Ausländer lebte damals erst seit anderthalb Jahren in Deutschland, war entwurzelt und einsam, als Dichterin gänzlich unbekannt. Die von Ursula Ratjen ausgehende Atmosphäre unbegrenzten Verstehens und mitfühlender Zuwendung nahm sie dankbar auf. Besonders schätzte sie die ›schwesterlich-herzlich-besorgte‹ Zuneigung, die ihre Freundin ihr entgegenbrachte. Dazu kamen Ursula Ratjens Urteilsfähigkeit auf dem Gebiet der zeitgenössischen deutschsprachigen Lyrik, ferner eine Eigenschaft, die bei ihr als ›kreatives Zuhören‹ bezeichnet wurde, wobei der Zuhörer nicht passiv, sondern anregend und anspornend reagiert. Ursula Ratjen fühlte sich von Rose Ausländers Dichtkunst ganz persönlich angesprochen. Sie war beeindruckt von der starken Persönlichkeit der Dichterin, die trotz eines überaus schwierigen Lebensschicksals und mancher körperlicher Gebrechen zielstrebig ihren Weg ging. Ihre Freundschaft basierte auf Gleichklang und gegenseitigem Verständnis; Fachgespräche über Dichtung spielten nur eine untergeordnete Rolle.«[98)]

Im Austausch zwischen Rose Ausländer und Wolfgang

Ratjen standen die Texte der Dichterin und der damit verbundene kreative Arbeitsprozeß im Mittelpunkt. Rose Ausländer ließ sich bereitwillig auf eine kreativkritische Diskussion über ihre Gedichte ein, war bereit, sinnvolle Anregungen bei der Weiterarbeit am Text zu berücksichtigen.

Insgesamt spiegeln die Briefe das Leben der Lyrikerin in jenen Jahren und ermöglichen Einblicke in die Alltagsschwierigkeiten und die Lebenshektik Rose Ausländers.

30. Oktober 1966

In Hamburg wird Rose Ausländer der Silberne Heine-Taler des Verlags Hoffmann & Campe verliehen. Den Hauptpreis, den Heine-Taler, erhält Walter Helmut Fritz. Die Preisverleihung hat eine Vorgeschichte. 1965 nimmt Rose Ausländer an einer Veranstaltungsreihe für Dichterinnen der Stadt Meersburg teil. Nach Wahl durch das Publikum erhielt sie für ihr Gedicht »Schnee im Dezember«[99)] als bestes aller vorgetragenen Gedichte einen Ehrenpreis der Stadt. Unter den Zuhörern bei diesen Lesungen ist auch Ursula Binder-Hagelstange, die Cousine des Schriftstellers Rudolf Hagelstange, der damals für den Verlag Hoffmann & Campe als Lektor arbeitet und die Reihe »Cabinet der Lyrik« herausgibt. Sie empfiehlt ihm die Gedichte der Autorin. Auf seine Bitte sendet Rose Ausländer eine Gedichtauswahl, die so beeindruckend ist, daß sie dafür den Silbernen Heine-Taler, einen Förderpreis, durch den Verlag erhält. Der Verlag hat sogar damit gerechnet, daß der alleinige Juror Karl Krolow Rose Ausländer den Hauptpreis, den Heine-Taler, zuerkennen würde. Die Spekulation auf das damit verbundene Medienecho und den daraus entstehenden Werbeeffekt ging jedoch durch die Entscheidung Krolows zugunsten eines

Lyrikmanuskriptes von Walter Helmut Fritz ins Leere. Die Zusage, das ausgezeichnete Manuskript als Buch zu veröffentlichen, blieb aber auch ohne Hauptpreis bestehen.

Da die Dichterin noch niemals in einem größeren öffentlichen Rahmen geehrt worden ist, bereiten ihr die Fragen des Ablaufs der Veranstaltung, die Frage, was sie anziehen soll, großes Kopfzerbrechen. Der Verleger Dr. Albrecht Knaus berät sie selbst, so daß sie schließlich beruhigt nach Hamburg fährt und ihren Förderpreis entgegennimmt.

24. Dezember 1966

»Sehr geehrte gnädige Frau!

Ich freue mich aufrichtig, Ihnen in der Anlage den Bescheid vom 7. 12. 1966 der Landesrentenbehörde Düsseldorf übersenden zu können. ... Ich hoffe, dass Sie nunmehr beruhigt und glücklich ins neue Jahr rutschen und verbleibe ich mit freundlichen Grüßen und vorzüglicher Hochachtung Ihr Martin Meth.«[100)]

Bereits seit 1960 bemüht sich Rose Ausländer von New York aus, als Verfolgte des Naziregimes anerkannt zu werden und eine Entschädigung zu erhalten. Viele Nachweise waren zu führen, die Zugehörigkeit zum deutschen Kulturkreis zu belegen, die erlittenen körperlichen, seelischen und materiellen Schäden zu beweisen, die Einkommenssituation vor 1941 glaubhaft zu machen. Sie reicht diverse ärztliche Gutachten ein, beschafft etliche eidesstattliche Versicherungen von kompetenten Personen aus Czernowitz, legt Dokumente vor; aber erst dem in Düsseldorf von ihr beauftragten Rechtsanwalt Dr. Martin Meth gelingt es, eine einmalige Entschädigungszahlung und ab dem 1. Januar 1967 eine Monatsrente durchzusetzen. Damit verbessert sich die materielle Lebenssituation von

Rose Ausländer entscheidend, materielle Zukunftsangst entfällt für sie.

27. März 1967

Im WDR, Köln wird Rose Ausländers Erzählung »Der Fluch«[101] gesendet. Sie schreibt diesen Text im Dezember 1964 für eine Prosaanthologie, die Peter Jokostra bei Hoffmann & Campe herausgeben soll. Am 27. Dezember 1964 geht der Text mit einem Begleitbrief aus Wien ab: »Sehr lieber und geschätzter Peter Jokostra, im Anschluss an meine Zeilen vom 17. Dezember nach tagelangem hartnäkkigem Kampf mit der Schreibmaschine habe ich endlich den ›Fluch‹ zustande gebracht. Eigentlich hatte ich eine andere Erzählung im Sinn, aber als ich an die Arbeit ging, drängte sich diese Geschichte mir auf und liess sich nicht abweisen. Das Thema ist eine Verdichtung einiger Erlebnisse, aber die Hauptmotive gehen auf eine Begegnung mit einer sonderbaren Frau im vergangenen Sommer zurück. Das Lutzky-Grossbart-Lied, eine eindrucksstarke Jugenderinnerung – übrigens auch mit einem ähnlichen Vorfall verknüpft – habe ich als Stimmungskontrast herangezogen.

Ich habe noch keine Distanz zu dieser Arbeit – bin sehr begierig zu hören, was Sie von ihr halten und ob sie in Ihrer Anthologie Aufnahme findet. ...«[102]

Jokostra ist mit dem Text nicht ganz zufrieden, er regt Änderungen an, die Rose Ausländer ausführt. Am 14. Februar 1965 schreibt Jokostra: »Liebe verehrte Rose Ausländer, heute reicht es nur zu ein paar Zeilen. Meine Spannung läßt nach. Ich bin abgenutzt. ... Die Neufassung Ihres Textes ist nun viel überzeugender und besser durchkomponiert. Die sentimentalen Reminiszenen weitgehend eliminiert. Das alles macht das Stück gewichtiger. Man spürt das starke Engagement des – in diesem Falle der – Schreibenden. ... – für die Anthologie ist es aber zu spät geworden. Ich möchte Ihre Arbeit aber gern im Auge behalten, da der Verlag – ein entsprechender Verkaufserfolg der Anthologie vorausgesetzt – ein periodisches Prosa-Jahrbuch mit mir machen möchte. Wir sprechen auch darüber, wenn Sie hier vorbeikommen sollten. ...«[103)]

Das periodische Prosa-Jahrbuch wird nicht verwirklicht. Jokostra vermittelt daraufhin den Text an den WDR-Hörfunk, für den er auch selbst häufiger arbeitet.

Immerhin hat das Schreiben von Prosa Rose Ausländer damals so zugesagt, daß sie 1965 auch die erzählenden Texte »Erinnerungen an eine Stadt«, »Doppelleben«, »Warum« und »Der Mann im Mond«[104)] verfaßt. Verschiedene Prosatexte, die Fragment blieben, deuten darauf hin, daß sie sich aber bald wieder ihrem eigentlichen Lebens- und Arbeitselexier – dem Schreiben von Gedichten – zuwendet.

Bei den wenigen später entstandenen Prosa- oder essayistischen Arbeiten handelt es sich um Auftragstexte, die aus ganz bestimmten Anlässen geschrieben werden. Die kurze Neigung zur Prosa ist schnell verflogen.

8. Mai 1967

Rose Ausländer schickt eines ihrer Belegexemplare des Bandes »36 Gerechte«,[105)] die sie einige Wochen vor dem Verkaufsstart des Buches erhalten hat, an ihre Freundin Vera Hacken in New York. Sie hat Vera und deren späteren Mann Emanuel Hacken 1926 in Czernowitz kennengelernt. Damals entstand rasch eine tiefe Freundschaft, die bis zum Tode der Dichterin Bestand hatte. Vera Hacken kam als zwölfjährige Vollwaise zu Elieser Steinbarg nach Czernowitz, der einige Jahre ihr Pflegevater wurde, bei dem sie auch jiddisch und hebräisch lernte und der ihr liebevoll den Weg zur jiddischen Literatur ebnete. Ihre Kinder- und Jugenderinnerungen an Steinbarg hat sie in fünf Folgen in der »Quaterly Ojfn szwel«, einer jiddischen Vierteljahreszeitschrift, die an der Columbia University in New York erscheint, ab Mai 1967 veröffentlicht. 1969 erscheinen diese Erinnerungen auch als schmaler Band in Tel Aviv.[106] Vera Hacken lernte ihren Mann in der Kinderferienkolonie Bijenca kennen, die von Steinbarg ins Leben gerufen wurde und nach dessen Tod von dem Arzt und Kinderpsychiater Emanuel Hacken geleitet wurde. Rose Ausländer hat 1939 in zwei Folgen im »Czernowitzer Morgenblatt« über das Leben der Kinder in dieser Ferienkolonie berichtet.[107] Die Hackens bleiben während der Verfolgungszeit in Czernowitz aufgrund des Arztberufes von Emanuel Hacken vor der Deportation nach Transnistrien verschont. Sie reisen gemeinsam mit der Familie Scherzer-Ausländer 1946 nach Dorna Vatra aus, und Rose Ausländer gelingt es, 1951 die entscheidende Hilfestellung für die Einreise nach New York zu geben. Vera Hacken ist in New York ihre vertraute Freundin, vermutlich ist sie die Person, der gegenüber sich die Dichterin so geöffnet hat wie gegenüber keinem anderen Menschen. Noch bis 1977 sehen sich die Freundinnen jährlich, da das Ehepaar Hacken jedes Jahr einmal nach München kommt, um Freunde zu besuchen. Darüber hinaus besteht ein intensiver brieflicher Kontakt, der ab 1981 allerdings wesentlich nur von Vera Hacken aufrechterhalten wird; Rose Ausländer beschränkt sich auf Weihnachts- und Geburtstagsgrüße und Grüße, die ihr Bruder nach seinem jährlichen Besuch in Düsseldorf mündlich übermittelt. Vera Hacken gibt von 1984–1986 im Thienemann-Verlag die »Bücher der goldenen Pawe« – Jiddische Weltliteratur – heraus;[108] sie stirbt wenige Monate nach Rose Ausländer 1988 an Lungenkrebs.

Am 8. Mai 1967 schreibt Vera Hacken an Rose Ausländer: »Meine teure Rose! We jihi erew, we jihi bokerjom harischon. Nun bin ich schon 24 Stunden mit den

›36 Gerechten‹ zusammen. Hab Dank, Liebe. Und jetzt – wie beginnen? Ich führe einen langen, bewegten Dialog mit Dir, seit ich (gestern) die ›Gerechten‹ drei-viermal gelesen u. wiedergelesen habe; abends liess ich mir von meinem Muniu nochmals den Band laut vorlesen, um es auch rein klanglich zu erleben. Ich kenne nun den Band so ziemlich genau, wenigstens was das rein ›physische‹ Kennen anbetrifft: aber alle Stimmungen, all' die verschiedenen Tonlagen und Abstraktionen GANZ zu erkennen, wird noch viel Lesen und Wiederlesen nehmen müssen. So dass dies hier nur meine ersten, noch etwas flüchtigen Impressionen ausdrücken kann. Aber schon jetzt kann ich ehrlich sagen: mein erster Kontakt mit dem Buch ist ein tief bewegter, intensiver, wie es bei mir gewöhnlich NUR bei einem Kontakt mit Echtem, Grossen, vorallem aber-mit Erstmaligkeit, mit dem ›Einzelnen‹, Einzigartigen, dem Kühnen, das ja schon in sich die Merkmale des GENIALISCHEN trägt, vorkommt. Und zwar SO stark, dass ich es sowieso, auch wenn ich's sogar ›mit dem Herzen‹ wollte, NIE anders, als mit der mir gegebenen Objektivität, die meiner Natur eigen ist, beurteilen könnte. Woher ich diese (seit Urzeiten von allen, die dem Gedanklichen und Musischen innig verwandt sind) so heiss gesuchte Objektivität habe, das wüsste ich nicht zu sagen; dass ich sie aber besitze, das weiss ich an mir. Wenn dieser letzte Satzteil etwa ›arrogant‹ oder gar selbstpreiserisch klingen sollte, verzeih' es mir- aber falsche Bescheidenheit wäre eben .... ›falsch‹, nicht wahr? Ich weiss, dass ich nie anders als objektiv urteilen, abschätzen, wägen könnte, dort wo es sich um reine, edle, echte Kunst handelt; auch nicht, wenn der Schöpfer zufällig mein eigener Sohn wäre. ...

Nun: Das ganze Volumen ist genialisch. Durch das Ganze strömt ein alle Verschiedenheiten der jeweiligen Stimmungen und Tongelände versöhnender, einheitlicher, alles harmonischbindender Ton. So entgegengesetzt die

Landschaften auch sein mögen (Manhattan, Pruth, Ghetto), so variierend die ›inneren‹ Landschaften auch sind (Freude, Leid, Lust, Todesangst, Liebe, Zorn, etc.) – dieser von mir erlauschte ›einzelne Ton‹ klingt wie eine Dominante durch das Ganze und macht den Band erst zu einem Ganzen. Ich habe diesen vereinenden, hartnäckigen »einzelnen« Ton oft bei Orff heraushören können: die Melodie mag ihren Gang ändern, aber jener Ton bleibt, nur dem geübten Ohr hörbar, durch die ganze Linie klingend, mit dabei. So auch in den ›Gerechten‹: es tönt und tönt, oft einsam, oft verloren zwischen Worten, die diesen Leit-Ton übertönen wollen, (und nicht können) – aber dieser bindende Ton ist da – jenseitig, lamentierend, ziehend, der dünne Ton einer herbstlichen Aeolsharphe – der HERBST.

Denn – HERBST ist die GANZHEIT dieses Bandes. Zwar färbt »grün« so manche Strophe und diese Farbe sollte ja eigentlich diese meine Empfindung des HERBSTLICHEN gar nicht erwecken ›braun‹ – das nur einmal vorkommt – bleibt für mich der Hintergrund zum Ganzen. Wie bei Trakl. Bloss tiefer, mystischer, naturverbundener noch, als bei ihm … wenn mich mein Gedächtnis nicht trügt. Lass mich, Liebe, etwas Ordnung in das Chaos meiner Gedanken hineinbringen und versuchen, Seite um Seite – beiläufig wenigstens – über Deine Gedichte zu meditieren. Nochmals, vergiss nicht: dies war der erste Anprall. Ich versuche da weder zu ›kritisieren‹, was ich nicht kann, noch will; noch auch zu ›analysieren‹, was mir NUR, manchmal, bei Prosa gelingen will, NIE aber bei Poesie oder Musik. Bloss meditieren und mit Dir sprechen.

Die Metaphern, Allegorien, Gleichnisse, mit einem Wort: das Bildhafte Deiner Sprache ist herrlich und tief. Der Klassiker in Dir sucht nach Präzision des Ausdrucks und das Genie in Dir findet sie. Im Gleichnis bist, warst und bleibst Du ein Meister – oft benahm es mir den Atem bei einer solchen Begegnung mit einem besonders herrlichen Gleichnis, das mir, an der Stelle, zu einem Erlebnis wurde.

Das Herrlichste daran bleibt für mich die alte Feststellung, dass Du, bei der Dir gegebenen Virtuosität Worte *zu*-und-*unter* Deinem Befehl zu haben, diese schöne Virtuosität nie dazu ausnützt, sie *nur* des Spieles wegen zu gebrauchen. Schon immer kannte ich diese fast kindliche Lust am Worte in Dir und Du spieltest manchmal, in einem verspielten Moment, mit Klang und Sinn, je nach könglicher Lust und Laune – virtuos, grossartig, verwegen, kühn und fröhlich. (Merkwürdig wie *Du* der Wortfröhlichkeit fähig bist.) NIE aber, so viel ich mich zu erinnern weiss, kam das frohe Spiel bis zum Übermut: immer wieder erwachte der schwere, jüdische Mensch und kehrte das Spiel zum Sinn zurück. (Darum waren vielleicht auch jene verspielten Momente fast nie schwerelos). So, zum Beispiel in ›FALLEN‹: ›Ein Fall baumlang: / Einfall des Windgeistes / Im Wolkenwald fällt er / Bäume aus der Luft‹ ... etc. dann aber: ›Kompass im Puls / ich flüchte / unterm Wimpernschirm / treffe / die Schwalbenrichtung // Atemlos falle ich mit der Tür ins Haus‹. Ein launiges, eigenwillig verspieltes ›Scherzo‹. Aber zwischendurch: ›Ruhmlos gefallen / liegen sie mir im Weg / Ich stolpere über / Wirbelstürme Wirbellaub // Meilen dem Orkan / anheimgefallen / Er überfällt mich / stellt mir Fallen im Aug‹ ... etc. Aus der eingangs kindlich-verspielten ›Verbum-Laune‹ wird STIMMUNG. Heiter? Ja, wohl heiter im Grundton; aber schon STIMMUNG, etwas das anhält. Das Spiel wird atemlos; Wirbelsturm, Orkan, Flucht – das alte, mir an Dir so gut bekannte Leitmotiv: DAS HAUS.

Ja, das ›Haus‹: immer wieder (wie im ›Blinden Sommer‹ auch) – das ›Haus‹. Jene immer in Dir lebende, tönende, dynamische, ›schreitende‹, nie Halt machende, aktive SEHNSUCHT (wie kann Sehnsucht SO schreiten, so aktiv sein?) nach ›ZUHAUSE‹, nach Kindheit, Geborgenheit – MUTTER. Eines der herrlichsten: ›In Hast / Wind / ein Gespräch mit dir / deine Ungeduld treibt mich zur Eile / wohin / nichthier nichtdort / wir haben kein Haus‹ ... etc. Wie verwaist dieser von Dir kreierte ›nichthier nichtdort‹ und immer wieder diese treibende, vorwärtsschreitende Sehnsucht: ›Wer ruft / nichther nichthin / aus keinem Haus‹ ... etc. Rein klanglich – wie Rilkisch! Aber es ist einmalig DU, in der Tiefe und in dem Weh des Empfindens. Hier diese Metapher: ›Vieläugig / Sonne / goldener Pfau‹ ... wie schön! Aber, wie gesagt, die Metapher bleibt nicht lange NUR Metapher, schon ist sie VISION. Ich drücke mich wohl nicht klar aus: ich will sagen – Metapher ist bei Dir im Dienste des gesuchten Ausdruckes für ein gewisses Etwas. Hier der Grundton: HERBST: immer wieder erklingt dieser Ton, sogar in einem Frühlingspastell: ›Turmuhr / Mitternachtsfaust / auf den Rücken zwölf Hiebe‹ ... etc. und dann weiter: ›Nicht wieder kehrt / diese Stunde / kehrt dir den Rükken‹ ... etc. und siehe da: aus dem milchgrünen, flüchtigen Frühling wird Vergängliches, schon ahne ich den HERBST.

Eine Novalis'sche, mir an Dir längst bekannte Melancholie, die nur bei grossen Dichtern (und das bist Du) vorkommt: jene das Leben heiss liebende, rufende, aber eben wegen diesem heissen Ruf so beständige, so treue Melancholie des Seins. Und in diesem Band – noch mehr ›seinliebend‹, noch herbstlichmelancholischer, vollkommener als sonst: In diesem Band hast Du Höhen und Tiefen erreicht, die schwindelnd wahr sind. SO rein klingt die menschliche Stimme NUR in der Höhenluft, wo die Luft dünn-dünn-dünn wird. Rein klingt die Stimme dort oben, einsam und rein. ...

Wenn ich ein geschickterer ›Kritiker‹ sein könnte, würde ich die Vergleiche nicht gebrauchen müssen; so aber ... mich mir selbst und anderen klarer zu machen, laufe ich halt oft zum handlichen Vergleich. Tragisch schön: ›Wenn der Tisch nach Brot duftet / Erdbeeren der Wein Kristall‹ ... etc. und abschliessend: ›sitzen wir um den duftenden Tisch / verwundert / dass wir hier sitzen‹. Das ist sie, tief und schmerzlich ausatmend – jene Sehnsucht nach ›Haus‹ und Heimhaben. Nach MUTTER, MUTTER, MUTTER. Ich sehe sie, Deine Mutter, in jeder dieser Zeilen: der Duft, das Brot, der Tisch-alles-Mutter.

... Bukowina, rumänische Schalmei – Doina. Und Du schreitest weiter.. (Irgendwie verlässt mich das Wort ›schreitend‹ nicht; mehr als eine vage Assoziation nicht als etwas Bestimmtes.)

›Fremde‹; ›dahinziehende Wasserbürger‹; ›erwachen allein mit dem Wind‹; ›Elternschlaf‹; eine Melodie die immer wieder und wieder kommt: die Urangst des Kindes ohne MUTTER.

›Mann mit dem Messer‹; dieser Albdruck eines Kindes, wie hast Du nur herrlich Deine Sehnsucht nach MUTTER verewigt ...

›Bis an den Nagelmond‹ ... bei dieser Metapher blieb mein Muniu beim Vorlesen stehen und musste tief Atem holen. Dann: ›Raben schwärzen den Namen‹ ... etc. Im Abstraktum fühlt man tatsächlich und lebendig die Kinderangst vor Kälte, die es (aus dem Mutterleibe einmal fort einst so bange umgeben wird.) ...

›Grammatikalischer Herbst‹, ›Spiel‹ – graziös, launigverspielt, elegant. Ich kenne die verspielte Rose auch; aber ich liebe die tragische Rose inniger, schon weil sie mir im Tragischen wahlverwandt ist. ›im Stoppelfeld / schaukelt die Vogelscheuche‹ ... etc. wie rumänisch, wie schön! Wie hat Dich einst und für alle Zeiten jene Landschaft bezaubert, wie berauscht Du sie singen kannst! ›Wir legten uns zu den Fischen / legten ab / jedes Wort‹ ... Herrlich! ›WEIL‹: eines der mir wichtigsten, schwierigsten, schönsten: ›weil wir manchmal / zusammenströmen / WORT WELLE MUSCHEL MENSCH‹. ›Muschel‹: ich will da nicht psychoanalysieren, Gott verhüte so etwas; aber – da ich um die Mysterien dieser ›Kunde‹ etwas kundig bin – bestätigt sich mir die Muttersehnsucht, die Sehnsucht des müden Kindes nach ›HAUS‹, ›MUSCHEL‹ – das ja ein ZUHAUSE ist, immer wieder; bestätigt sich so poetisch, traumhaft und schön.

Last-but-not least: MEIN LIEBLINGSGEDICHT: ›WEIDENWORT‹ ... ›Dem Strom / rufe ich zu / mein Weidenwort / gebeugt / am Ufer / aus allen Wurzeln blutend‹ ... etc. Dein Kostbarstes. Ja, eine Weide sehe ich in Dir, eine schlanke, gebeugte traurig-stolze, mächtig-zarte, licht-grüne, über dem Weiher gebeugt und: ›den Versunkenen / ruf ich zu‹ ... etc.

Ich bin wohl zu langatmig? Nun, wenn's nach mir ginge, wenn ich mich ›gehen liesse‹ – würde ich wohl noch stundenlang mit Dir, Liebste, über Dein Buch palavern wollen. Ich bin halt so unerträglich gründlich, im Ausdruck viel zu epischbreit. Verzeihe es mir. Mich hat dieses Dein allerschönstes Buch betroffen, aufgewühlt und tief bewegt.

Hab Dank für dieses herrliche Maigeschenk. Wir sind stolz auf Dich, Maischwester, Dichter, Bukowinerin meine, Poet und Freund meiner Jugend. ...

Ich umarme Dich.

Deine Vera«[109)]

Unabhängig von allen anderen Aussagen Vera Hackens in diesem Brief fallen zwei Komplexe, die sie anspricht, die sie als Hauptmotive der Gedichte sieht, ins Auge. Die Sehnsucht nach einem Haus der unbehausten Dichterin und der »Schrei nach Mutter«. Die Freundin erkennt sehr genau die Haus- und damit Heimatlosigkeit Rose Ausländers. Die Heimat Bukowina verloren, nie wieder heimisch geworden, jeden Aufenthaltsort als Exil begreifend, »nur« noch Heimat in der Sprache suchend, so lebt Rose Ausländer in ihrem »Mutterland Wort«, wo sie, die »sich zersplitterte«, von »Mutter Sprache« wieder zusammengesetzt wird zum »Menschmosaik«. Diesen Zustand hat die Dichterin angenommen, sie akzeptiert ihn und sagt »ich wohne nicht / ich lebe«.[110] Hellsichtig erkennt Vera Hacken auch die noch immer vorhandene Muttersehnsucht. Hier ist sie aber vermutlich auf einem falschen Weg. Sie selbst ist die sprichwörtliche jiddische Momme, die ihren Sohn nicht losläßt, ihn begluckt und zu behüten sucht – sie nennt den über Fünfzigjährigen noch immer Georgerl –, verteidigt in ihren Briefen jeden Blödsinn dieses Mannes als fast genialisch, zittert seinen Besuchen entgegen und würde ihn am liebsten wieder ganz bei sich zu Hause haben. Sie überträgt ihre »Mutterliebe« zu ihrem Sohn auf Rose Ausländer und deren »Tochterliebe« zur Mutter. Diese »Tochterliebe« besteht aber nach wie vor, weil Kathi Scherzer ihrer Tochter kein normales Abnabeln von sich, der Mutter, gestattete, sondern diese 1921 kurz nach dem Tode des Vaters zur Auswanderung in die USA nötigte. Weil die Abnabelung nicht als normaler Prozeß – und somit letztendlich nicht stattgefunden hat – bleibt Rose Ausländer lebenslänglich mutterfixiert. Hinzu kommt, daß es ihr 1946/47 nicht gelingt, die Mutter – und die restliche Familie – in die USA nachzuholen, ja, sie versäumt sogar die Sterbestunde der Mutter, die im Februar 1947 in Satu Mare stirbt, während die Tochter in New York weilt. Das Versäumen des Todes der Mutter hält bei der Tochter die extreme Mutterbindung auch noch über deren Tod aufrecht.

Die Poesie »verdankt« dieser Konstellation eines der schönsten Muttergedichte überhaupt: »Meine Nachtigall // Meine Mutter / war einmal ein Reh / Die goldbraunen Augen / die Anmut / blieben ihr aus der Rehzeit // Hier war sie / halb Engel halb Mensch – / die Mitte war Mutter / Als ich sie fragte was sie gern geworden wäre / sagte sie: eine Nachtigall // Jetzt ist sie eine Nachtigall / Nacht um Nacht höre ich sie / im Garten meines schlaflosen Traumes / Sie singt das Zion der Ahnen / sie singt das alte Österreich / sie singt die Berge und Buchenwälder / der

Bukowina / Wiegenlieder / singt mir Nacht um Nacht / meine Nachtigall / im Garten meines schlaflosen Traums.«[111)]

28. Mai 1967

Der Droste-Preis für Dichterinnen der Stadt Meersburg wird Rose Ausländer im Rathaus der Stadt verliehen. Sie muß 1965 einen nachhaltigen Eindruck hinterlassen haben, daß ihr jetzt diese Ehrung zuteil wird, sie ist ja zum damaligen Zeitpunkt eine noch unbekannte Autorin. Hans-Rudolf Hilty hält die Laudatio, die auch von etlichen Zeitungen nachgedruckt wird. Im Text der Verleihungsurkunde heißt es: »... Diese Auszeichnung will ein lyrisches Schaffen würdigen, in welchem Kunstverstand und Sensibilität, Leiderfahrung und unbeirrbare Humanität zwingenden und wegweisenden Ausdruck gefunden haben. In diesen Versen, die das Bemühen um die äußerste Präzision poetischer Sprache und Empfindungen geprägt hat, erhebt sich eine warme lyrische Stimme über den Gräben und Gräbern, die Haß und Gewalt aufwarfen. Hier ist die Sprache Medium des Dichtenden und Heimat zugleich.«[112)]

Der Droste-Preis ist eine Auszeichnung, die geeignet ist, der Dichterin die dringend nötige Publizität zu verschaffen. In der Folgezeit ist sie in den Printmedien und im Hörfunk präsent. Ihre Gedichte und Kurzprosa erscheinen häufig in Anthologien und sehr häufig in Zeitungen und Zeitschriften. Die FAZ, die Rheinische Post, die Düsseldorfer Nachrichten, Neues Rheinland, die Stuttgarter Zeitung, die Süddeutsche Zeitung und andere publizieren Gedichte der Droste-Preisträgerin, häufig als Erstdrucke. Der SDR, der NDR, WDR, SFB und Rias und der ORF senden ihre Gedichte und Texte fast regelmäßig. In Anthologien wie »Lyrik aus dieser Zeit«, »Welch

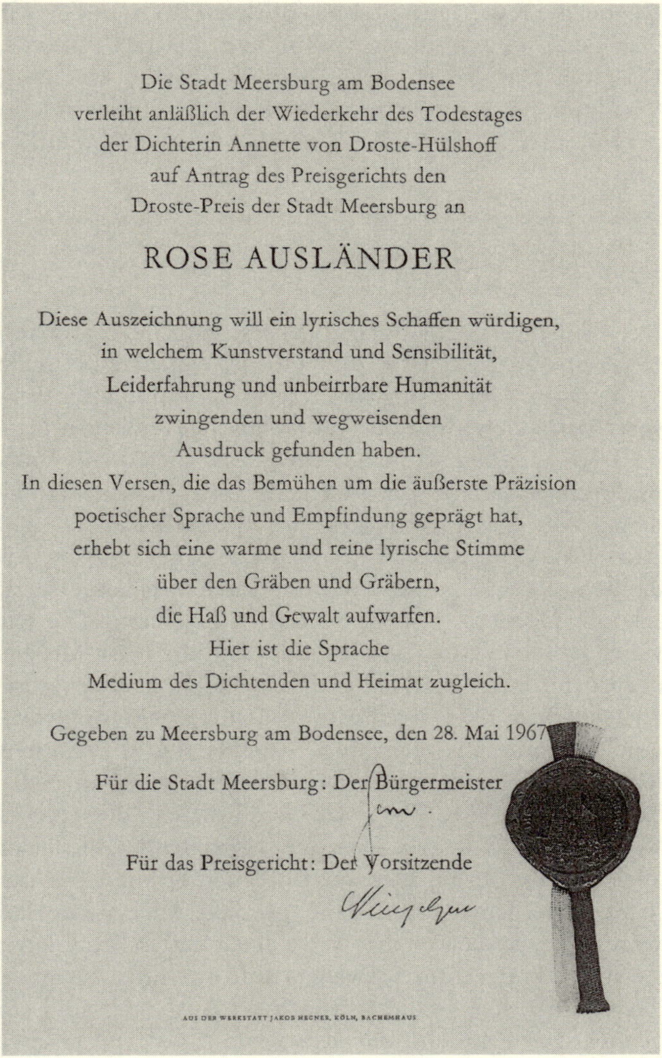

Die Stadt Meersburg am Bodensee
verleiht anläßlich der Wiederkehr des Todestages
der Dichterin Annette von Droste-Hülshoff
auf Antrag des Preisgerichts den
Droste-Preis der Stadt Meersburg an

ROSE AUSLÄNDER

Diese Auszeichnung will ein lyrisches Schaffen würdigen,
in welchem Kunstverstand und Sensibilität,
Leiderfahrung und unbeirrbare Humanität
zwingenden und wegweisenden
Ausdruck gefunden haben.
In diesen Versen, die das Bemühen um die äußerste Präzision
poetischer Sprache und Empfindung geprägt hat,
erhebt sich eine warme und reine lyrische Stimme
über den Gräben und Gräbern,
die Haß und Gewalt aufwarfen.
Hier ist die Sprache
Medium des Dichtenden und Heimat zugleich.

Gegeben zu Meersburg am Bodensee, den 28. Mai 1967

Für die Stadt Meersburg: Der Bürgermeister

Für das Preisgericht: Der Vorsitzende

AUS DER WERKSTATT JAKOB HEGNER, KÖLN, BACHEMHAUS

Der Droste-Preis der Stadt Meersburg im Jahre 1967 war die erste wirksame, medienträchtige Anerkennung für Rose Ausländer

Wort in die Kälte gerufen« und »Blick auf Rom« finden wir ihre Texte. Literaturzeitschriften, zum Beispiel Akzente, Literatur und Kritik, Neue deutsche Hefte, Hortulus, Quadrate, nehmen Gedichte der Rose Ausländer auf. So präsent als Dichterin war sie niemals zuvor in ihrem Leben.

4. Juni 1967

Der Gedichtband »36 Gerechte« erscheint im Hoffmann & Campe Verlag. Der 4. Juni 1967 ist der erste offizielle Verkaufstag. Der Verlag löst damit das Publikationsversprechen, welches mit der Verleihung des Silbernen Heine-Talers gegeben war, ein. Leider wird auch dieses Buch nur in einer Auflage von 744 Exemplaren gedruckt. Trotzdem erregt es bei der Kritik und in den Medien einiges Aufsehen. Über die sehr geschlossene Sammlung an Gedichten, die sich intensiv mit der Shoa auseinandersetzt, schreibt Dominik Jost im St. Galler Tageblatt: »Die seit vielen Jahren in New York lebende Ostjüdin Rose Ausländer ist mit ihrem starken, überzeugenden, unablässig intensiven Buch ›36 Gerechte‹ mit einemmal achtungsgebietend bekannt geworden: ihre Gedichte sind in Wahrheit ›erschienen‹. Gelegentlich gemahnt ihr Tonfall an Nelly Sachs; doch ist ihre Welt – die Gesamtheit all dessen, was Rose Ausländer angeht – reicher, ausgreifender, vielleicht auch differenzierter. Der unerbittlichen Strenge, mit der jedes Wort geprüft und dann gebilligt oder verworfen worden ist, verdanken ihre Verse den metallischen Glanz; sie sind von der zum Schweigen auffordernden Kargheit des Granits. Die Gedichte von Rose Ausländer sind ein gewichtiger Zuwachs der deutschen Lyrik in unserer Zeit.«[113)]

Rose Ausländer plant eine weitere Zusammenarbeit mit Hoffmann & Campe. Ein Band mit Fabeln von Elieser

Steinbarg, illustriert mit Holzschnitten von Arthur Kolnik, die dieser 1928 in Czernowitz zu Steinbargs Texten geschaffen hat, ist im Gespräch. Sie soll die Fabeln aus dem Jiddischen ins Deutsche übertragen und hat bereits Probeübersetzungen angefertigt, da trennt sich der Lektor Hagelstange vom Verlag, um ausschließlich als Schriftsteller zu arbeiten, und außer ihm hat bei Hoffmann & Campe niemand Interesse an dieser Autorin. Das Projekt entschläft sanft, und Rose Ausländer ist wieder ohne Verlag.

30. Oktober 1967

Im Tukaneum des Münchener Tukankreises, einer Autorenvereinigung, im Regina-Palast-Hotel am Maximiliansplatz liest Rose Ausländer »aus ihren Werken«.

Im Vorfeld der Lesung schreibt sie an Wolfgang Ratjen, daß sie besorgt sei. Sie befürchte, die Lesung werde schwach besucht sein, niemand in München kenne sie. Die Furcht ist unbegründet. Wolfgang Ratjen erinnert, daß zur Veranstaltung viele Zuhörer kamen und daß Rose Ausländer einen großen Erfolg feierte.

Rudolf Schmitt-Sulztahl, der Leiter des Tukankreises, schreibt ihr in eine Festschrift zum dreißigjährigen Bestehen des Vereins: »Frau Rose Ausländer mit herzlichem Dank für ihr Tukan-Debut, das uns Tukaniern unvergeßlich sein wird zugeeignet vom ›Obertukan‹ ihrem Rudolf Schmitt-Sulztahl, München, den 30. Oktober 1967. Frau Rose Ausländer ist mit ihrer prächtigen Lesung Tukaniern geworden. D. O.«[114)]

Zu denen, die im selben Heft unterschreiben, gehören auch Gisela und Heinz Piontek, Walter Kolbenhoff, Ingeborg Hoffmann-Ende und Michael Ende. Das Bayrische Fernsehen nimmt die Lesung zum Anlaß, einen fünfzehnminütigen Bericht zu Rose Ausländer aufzuzeichnen und zu senden. Damit ist sie nach einem Interview im WDR anläßlich der Drostepreis-Verleihung im Jahre 1967 bereits zum zweiten Mal im deutschen Fernsehen zu sehen.

12. April 1968

Sie fährt mit dem Dampfer »France« der Transatlantique Frenchline – »Fliegen kommt für mich leider wegen der Ohren nicht in Frage«[115)] – nach New York, den Bruder zu besuchen und an der Hochzeit des Neffen Harry teilzunehmen. Ihr ist die Ehre zugedacht, Brautführerin zu sein. Ernsthaft erwägt sie, doch wieder nach New York zurückzukehren, zumal sie dann mit Familienanschluß leben könnte. Sie bezieht eine Einraumwohnung an der Westend Avenue, wieder in dem ihr vertrauten Viertel. Die verbliebenen Freunde nehmen sie freundlich auf und bestaunen ihre Erfolge. Sie führt Lesungen durch, die deutschsprachige Presse berichtet über sie, ihre Bücher und Literaturpreise. Aber es bleibt bei einer einjährigen Amerikatour, verbunden mit einem »Erinnerungstrip« in den Mittelwesten und Westen, zu all den Orten, in denen sie zu Anfang ihrer Amerikajahre lebte oder die ihr wie Los Angeles, San Francisco und New Orleans aus anderen Gründen wichtig waren. Die Gedichte »Niagara Falls II« oder »Winona« sind solche, die von dieser Reise Zeugnis geben.[116)]

15. März 1969

Zwei Koffer gefüllt mit Manuskripten und Büchern lagert sie vor der Rückreise nach Düsseldorf beim Bruder ein. Als zusätzlichen Grund für eine Rückkehr?

1. – 4. Mai 1969

Auf Einladung von Margot Fürst verbringt Rose Ausländer vier Tage in Stuttgart, Tübingen – »Wahn / vom Nekkar / getauft«[117] –, Reutlingen und der Umgebung. Sie lernt Max Fürst, Johannes Poethen, Margarete Hansmann und hap grieshaber kennen. hap grieshaber, der Holzschneider und Maler, und Rose Ausländer, die Dichterin, begegnen sich in gegenseitiger Verehrung, in Anerkennung ihrer Werke. Hier wird der Grundstein gelegt für eine gelegentliche, aber kontinuierliche Zusammenarbeit, deren Höhepunkte seine Holzschnitte zu dem Gedicht »Arche«, zum Band »Gesammelte Gedichte«, der Malbrief zu ihrem vermeintlichen 70. Geburtstag im Mai 1977 sind und ihre Gedichte zu seinem Auschwitz-Zyklus in Bruchsal, zu mehreren Bänden »Engel der Geschichte« und zu seinem Band »Schnittlinien«. Eine Reihe großformatiger Blätter, die Grieshaber ihr signiert und widmet, bilden später den beeindruckenden Schmuck an den Wänden in ihrem Zimmer im Nelly-Sachs-Haus.

29. September 1969

Den Tagen in Stuttgart folgen 30 Monate hektischen Nomadenlebens. Von Düsseldorf, ihrem Zimmer in der Pension Cordes, welches sie wieder bezieht, startet sie zu einer Vielzahl von Reisen, zu Kuren und Lesungen, PEN-Kongressen, zu Treffen mit Freunden und Bekannten. Dabei berichtet sie in ihren Briefen gerade in dieser Zeit von einer Häufung von Krankheiten und Plagen, die sie heimsuchen. Sie befindet sich in einem ständigen Kampf mit ihrem Körper, dem sie ihre Beweglichkeit abtrotzt, den sie schwächt ohne Rücksicht gegen sich selbst, als fürchte sie, daß ihr nur eine begrenzte Zeit für ihre Exkursionen bleibt. Am 29. September 1969 schreibt sie aus

Nizza an die Freundin Ursula Ratjen: »... Nun nach Wien fahre ich jetzt nicht. Mir ergeht es wie Ihnen: Jede Reise endet mit Krankheit und Erschöpfung. Seit 4 Wochen quält mich eine Erkältung – Grippe, Katarrh, Husten, Hals- und Ohrenschmerzen – und, da ich unterwegs keine Diätkost bekomme, bin ich dauernd magenleidend. Nach dem langweiligen und sehr strapaziösen internationalen PEN-Kongreß in Menton, wo es täglich regnete, kalt und windig war, kam ich nach Nizza in der Hoffnung, hier in der wohltuend-warmen Sonne wenigstens die Erkältung loszuwerden und mich ein wenig zu erholen. Aber in dieser Woche verschlimmerte sich mein Zustand und auch der Magen setzt mir sehr zu. Hoffentlich kann ich von hier am 6. Okt. direkt nach Frankfurt zur Buchmesse fahren. Es sollte ein Zimmer im Hotel Concordia, Alt-Praunheim Str. (oder Platz oder Allee) Nr. 13 ab 7. Okt. für mich reserviert werden, ich erwarte die Bestätigung des Hotels.

Ich würde mich sehr freuen, vor meiner Abreise – wenn auch ganz kurz – ein paar gute Worte von Ihnen zu bekommen.

Ich hatte vor, von Frankfurt für 1–2 Wochen nach München zu fahren, um mich wegen einer Wohnung zu interessieren, aber es ist recht zweifelhaft, daß ich es – aus Gesundheitsgründen – noch zustande bringe. Bejahendenfalls rufe ich Sie von München an, möchte auch gern mit unserem lieben Wolfi sprechen und bitte um seine Münchner Rufnummer.

Die 2 Wochen in der hochinteressanten Provence konnte ich wegen der dummen Erkältung nicht gut ausnützen, nur 3 Tagesausflüge sind geglückt: Orange, Arles, Les Beaux – lauter romanische Herrlichkeiten, die ich nur flüchtig bewundern konnte. Auch hier, an der Côte d'Azur, gibt es bezaubernde Städtchen und Dörfer, die ich nur gestreift habe: Roquebrune und St. Paul, wo ich auch eine schöne Kunstausstellung in der großartigen Foundation Maeght besichtigte. Viele Orte, nach denen ich mich gesehnt hatte, mußte ich vom Programm streichen, die Tagestouren mit Bus sind jetzt viel zu anstrengend für meine Minimalenergie ...«.[118]

Trotzdem gelingt es ihr, immer noch Gedichte zu schreiben, fast alle Stationen ihrer Reisen lassen sich in ihrem lyrischen Werk finden. Zusätzlich bewältigt sie eine Flut von Korrespondenzen, die gerade in diesen Jahren anschwellen und anschwellen. Ihr Leben besteht aus Reisen, krank sein, darüber jammern, Gedichte verfassen, Briefe schreiben, Bücher lesen und Pläne schmieden für neue Reisen ... Glücksmomente sind Erfolge bei Lesungen, der Abdruck ihrer Gedichte in Zeitungen, Zeitschriften und Anthologien, gute Kritiken in den Medien und das Zusammentreffen mit Menschen, die ihr viel bedeuten. »Mit meinem Seidenkoffer / reise ich in die Welt«,[119] die poetische Umschreibung für ihr Wanderleben, welches zunehmend mühsamer wird. So schreibt sie ebenfalls an Ursula Ratjen, sie reise jetzt nur noch zu Orten, die sie direkt und ohne Umsteigen mit der Bahn erreichen könne, da ihr das Umsteigen mit ihrem vielen Gepäck zu anstrengend werde.

1. November 1970

Rose Ausländer schreibt an Richard Salis, der sie einige Monate zuvor um einen Beitrag für den Erdmann Verlag, Tübingen, zu dem Band »Motive. Warum ich schreibe«[120] bat. Salis sammelt die »Bekenntnisse« von vielen Autoren zu einem durchweg spannenden Band.

»Lieber Herr Salis, anbei der Text Warum schreibe ich?. Ich kürze den Entwurf – mini, mini – dennoch habe ich noch manche Bedenken: könnten Celans und Sperbers Äußerungen über meine Lyrik nicht als Eigenreklame aufgefaßt werden? Ehe ich weitere Sätze herausnehme, möchte ich ihre Meinung hören. Die mit Bleistift eingeklammerten Stellen können Sie, wenn Sie es für richtig halten, streichen. Celans enthusiastisches Lob (S. 3, Absatz 4) könnte in einem kurzen Satz zitiert werden: Ein paar Gedichte, die ich ihm zeigte, fand er ›sehr, sehr, sehr schön.‹ Ich berichte darüber, weil mir damals, als ich wieder von vorne anfing, Celans Urteil sehr wichtig war: Bestätigung und Ansporn. Sagen Sie mir bitte, aus Ihrer objektiven Sicht, welche von jenen Sätzen bleiben oder wegbleiben sollten. Auf Ihre Antwort bin ich sehr gespannt. ...«[121)]

Salis streicht kein Wort. Der Aufsatz ist eines der wenigen Selbstzeugnisse von Rose Ausländer. Sie gibt Auskunft über einige wichtige Lebensstationen, über ihre schriftstellerische Arbeit, den Ablauf des Schaffensprozesses, erklärt, daß Schreiben für sie Leben, ja Überleben bedeutet, und findet auf die Frage nach dem Warum die überzeugende Antwort: »Schreiben ist ein Trieb. Der Dichter, der Schriftsteller muß essen, sich bewegen, ruhen, denken, fühlen und schreiben, was seine Gedanken und Einbildungskraft ihm vorschreiben. Warum ich schreibe? Ich weiß nicht.«[122)]

13. Mai 1971

Um 20 Uhr beginnt im Festsaal der Auferstehungskirche in Düsseldorf-Oberkassel ein »Öffentliches Meeting KONFRONTATIONEN Gemeinde-Lyrik-Jazz.« Es spielt das Jazz Live Trio Radio Zürich zu Gedichten von Rose Ausländer, Eva Zeller, Dirk Heinrichs, Peter Jokostra und Ernst Meister. Die Lyriker tragen ihre Gedichte selbst vor. Zur Intention der Veranstalter heißt es in der Einladung: »Konfrontiert werden Autoren, Musiker und Gemeinde. Konfrontiert wird Lyrik mit Free Jazz. Das bedeutet kein Verjazzen moderner Gedichte, sondern

Als dieses Foto 1970 aufgenommen wurde, lebte die Lyrikerin noch in der Pension Cordes in Düsseldorf.

musikalische Improvisation im genauen Hinhören auf das Wort. Konfrontiert wird der Zuhörer mit einer Sprache, die nicht wörtlich genug genommen werden kann. Lyrik ist der ›Kampf um Atem‹ (Rozewicz) in einer Welt der Produktionszwänge und des Konsumterrors, der Kampf gegen die Entfremdung des Menschen. In einigen der Gedichte wird die metaphysische Auflehnung gegen das Absurde gewagt – im Sinne der Evangelienaussage (Lukas 9): ›Welchen Nutzen hätte der Mensch, wenn er die ganze Welt gewönne und beschädigte sich selbst.‹ Jedermann ist herzlich willkommen.«[123)]

Der Einladung folgen tatsächlich viele, der Saal ist zur Veranstaltung brechend voll. Die Künstler treffen auf ein hochmotiviertes Publikum, welches zur Höchstleistung anspornt, die an diesem Abend gelingt. Das Konzert wird aufgezeichnet und ist auf Schalplatte vorhanden und nachvollziehbar.[124)]

Rose Ausländer hat sich gern der Herausforderung durch das Experiment gestellt, in eigenen Gedichten, in ungewöhnlichen Veranstaltungen, in der Zusammenarbeit mit anderen Künstlern – nicht alles gelang, aber manches hat Bestand.

4. Juni 1971

Die »Bezugsgenehmigung für eine öffentlich geförderte Wohnung« in der Mönchenwerther Str. 23 in Düsseldorf trifft ein. Bei der Vergabe der Wohnung ist das Haus allerdings noch nicht gebaut, ja der Bau hat noch nicht einmal begonnen. Mit dieser amtlichen Mitteilung fällt aber Rose Ausländers Entscheidung, endgültig in Düsseldorf zu bleiben. Sie hat durchaus mit einem Ortswechsel, zum Beispiel nach München, geliebäugelt. Hier sei noch einmal aus einem Brief vom 20. 1. 1970 an Ursula Ratjen zitiert: »... ich hoffe Sie sind jetzt wieder einigermaßen hergestellt und gekräftigt, dürfen auch einmal wieder einen kleinen ›Seitensprung‹ nach München machen, das Sie ja lieben. Auch ich habe diese lebendige, anregende Stadt liebgewonnen und möchte gern meine Heimatlosigkeit hin verlegen. Es ist nicht einfach, dort eine entsprechende Wohnung zu finden – das ist das Hauptproblem. Hier wohne ich miserabel, ich habe nichts unternommen, mir eine ordentliche Wohnung zu verschaffen, weil ich mich nicht entschließen konnte, hier wohnen zu bleiben, auch weil ich so oft unterwegs war und zwischendurch zu müde, um ein Heim zu suchen und einzurichten. Aber nach solchen 5–6 (ein Jahr in Wien) möblierten Jahren ist es höchste Zeit, mich in einer schönen Stadt wie München in einer angenehmen Wohnung niederzulassen. Freilich heißt es, wieder von vorn anfangen – auch was Beziehungen zu Menschen betrifft, und dies ist ja, außer der Gesundheit, eine der wichtigsten ›Ansprüche‹ auf ein bißchen Lebensglück ...«[125)]

Einen »Antrag auf Erteilung einer Wohnberechtigungsbescheinigung für eine öffentliche Wohnung« stellt sie an die Landeshauptstadt München, Amt für soziale Wohnungsfragen. Ja sogar um eine Arbeitsstelle bemüht sie sich, und der Verlag U. Pfeiffer in München stellt ihr eine Lektoratsstelle in Aussicht. Sie verwirklicht ihre Umzugsabsichten nicht. Warum, wissen wir nicht. Vielleicht weil von der Stadt Düsseldorf, wo sie sich doch parallel zu München um eine Sozialwohnung bemüht, der Bezugsbescheid eher eintraf. Aber wäre sie in die Wohnung in Düsseldorf eingezogen? Auch das ist fraglich, zwei weitere Zitate belegen dies: »... Diese schöne Beziehung ist einer der Gründe, warum ich gern nach München übersiedeln wollte und noch immer will, wenn eine Möglichkeit bestünde. Vor der winzigen Einzimmerwohnung, in die ich im nächsten Jahr in einen Neubau in D. einziehen soll, graut es mir – ich werde dort keinen Bewegungsraum haben und nicht alle Sachen ordentlich unterbringen können. Kleine Zimmer wirken immer beengend auf mich – ich brauche Raum, Spielraum. Ich warte auf ein Wunder – vielleicht geschieht es in München ...« (2. 7. 71, Brief an Ursula Ratjen)[126] und »... Anfang Sept. oder Anfang Okt. soll ich eine kleine Wohnung in einem Neubau in Düsseldorf übernehmen – der Entschluß, es zu tun oder zu unterlassen ist gleich schwer. Physisch kann ich es allein nicht bewerkstelligen – vielleicht werden mir Engel zu Hilfe kommen ...« (20. 7. 72, Brief an Ursula Ratjen)[127]

Ende Juli 1971

Die Selbstötung Paul Celans ist für Rose Ausländer ein Schock. Sie weiß, daß er an Erlebnissen zu Grunde ging, die auch sie immer noch bedrängen. Während er, der eine Generation Jüngere, an der vermeintlichen »Schuld des Überlebens« zerbricht, ist ihr nicht nur das Glück des Überlebens zuteil geworden, sondern auch die Gnade des Weiterlebenkönnens und des Heimischwerdens in ihrer Muttersprache.

Edith Silbermann kehrt Ende Juli 1971 von einem Besuch in Paris zurück. Sie bringt ein Foto mit, welches sie vom Grab Paul Celans auf dem außerhalb von Paris gelegenen Friedhof Thais aufgenommen hat. Rose Ausländer schreibt unter dem Eindruck dieses Bildes: »Paul Celans Grab // Keine Blumen gepflanzt / das sei überflüssig // Nichts Überflüssiges / nur / wilder Klatsch-Mohn / schwarzzüngig / ruft uns ins Gedächtnis / wer unter ihm / blühte.«[128]

6. August 1972

Im Juli 1972 reist Rose Ausländer wieder einmal zur Kur, diesmal nach Bad Nauheim. Sie wohnt in der Villa Carla in der Küchlerstr. 2. Bei einem Spaziergang im Kurpark tritt sie auf einen Randstein und fällt so unglücklich, daß sie sich den linken Schenkelhalsknochen bricht. Die unmittelbare Folge ist ein mehrmonatiger Aufenthalt in verschiedenen Krankenhäusern, unter anderem im Klinikum der Justus-Liebig-Universität in Gießen. Während sie in dieser Klinik liegt, wird ihre Wohnung in Düsseldorf bezugsfertig. Am 28. 10. 1972 meldet sie sich in Düsseldorf beim Einwohnermeldeamt brieflich um. Den Umzug nehmen Freunde vor, die ihre Habseligkeiten in der Pension Cordes in insgesamt acht Koffer packen und diese in der Mönchwerther Str. 23, im I. Stock, Mitte, einlagern.

22. Dezember 1972

Rose Ausländer verläßt die Klinik in Gießen, aber nur um in der Pflegestation des Nelly-Sachs-Hauses, dem Elternhaus der Jüdischen Gemeinde in Düsseldorf, aufgenommen zu werden. Sie ist sehr geschwächt und nicht in der Lage, alleine zu wohnen. Es ist nicht das erste Mal, daß sie sich in diesem Haus befindet. Bereits von Anfang August bis Mitte November 1971 war sie Patientin auf der Pflegestation. Damals hatte sie keinen Gedanken daran verschwendet, im Altenheim zu bleiben. Auch dieses Mal erwartet sie nur einen begrenzten Aufenthalt im Krankenzimmer und hat andere Pläne für die Zukunft, aber eine Folge von Krankheiten überrollt sie. Sie pendelt zwischen dem Krankenhaus und der Pflegestation des Nelly-Sachs-Hauses und findet nicht zurück in ihr gewohntes Leben.

29. März 1973

Rose Ausländer äußert sich zum Thema »Altern als Problem für Schriftsteller» in einer Radiosendung des SWF, Baden-Baden.

Schon lange beschäftigt sie sich mit Fragen nach Jugend, Jugendlichkeit, Jungsein. In einem Anfang der sechziger Jahre, als sie selber bereits das siebte Lebensjahrzehnt erreicht hat, in New York entstandenen Text hält sie fest: »Youth is: the *youthful state of mind*, vividness and temperament. ... From a psychological point of view, I reduce all of these occupations qualities to a vivid temperament, or power of imagination, which having found the right outlet of activity and stimulation. From a philosophical viewpoint I contract those answers to *one* conception: IDEALISM. Once a person has an *ideal* for which to live, this very ideal keeps him (or her) young: I) People of a vivid temperament and imagination. II) People dominated by a creative ideal that keeps them stimulated and inspired. The more creative that ideal is, the younger they will keep. A person who does not love and appreciate either nature, and / or art, science, philosophy, or some other creative form of human thinking; a person whose temperament or lack of imagination does not sublimate his disappointments and harsh experiences into a higher idea; finally a person having no sense of humor, is *old*, no matter how young in years he be. Furthermore, a person can only keep young by being mentally ACTIVE. A lazy, sluggish and sleepy mind is born old, and will never become young.«[129)]

In diesem Sinne bleibt Rose Ausländer jung bis zu ihrem Tode. Sie macht aber sehr wohl die Erfahrung, daß das eigene Gefühl des Jungseins nicht konform gehen muß mit der Einschätzung anderer, und hat dies gelegentlich bitter angemerkt. So erklärt sie in der Rundfunksendung: »... sozial gesehen, erleide ich das Schicksal der alternden, der alten Schriftsteller, die es weit schwerer haben als in der Jugend, am schwersten, die [sie] als alte Lyrikerin. Lyrik ist das Stiefkind unserer Zeit. Wer nicht auch gut verkäufliche Prosa (erzählende Prosa) anzubieten hat, hat den schwersten Stand, die magersten Erfolgsaussichten. Daß diese Situation sich auch psychisch auswirkt, ist evident. Das Gefühl der Vereinsamung, der Entfremdung ist verstärkt durch den Verlust der Heimat, der nächsten und teuersten Menschen, der abnehmenden physischen Kräfte, der schlechten Gesundheit, intensiviert durch das unauslöschliche Trauma der Kriegs- und Nazijahre in Czernowitz (1940–46), durch die Massenpsychose unserer Epoche, die Mechanisierung des Lebens und noch manches Persönliche. –« und führt später aus: »Zum Glück bin ich als wirtschaftliche Rentnerin nicht ausschließlich vom Schreiben abhängig, muß mich nicht dazu zwingen. Das hat aber auch den Nachteil, daß ich literarischen Möglichkeiten nicht nachgehe, mich wenig darum kümmere, ob ich gedruckt oder zu Lesungen eingeladen werde. In den paar Jahren meines Wohnsitzes in der Bundesrepublik (in Düsseldorf) hatte ich, obwohl ich keine literarischen Kontakte und Beziehungen hatte, immerhin ein bißchen Glück, und was ich bis jetzt erreicht habe, ist mir quasi in den Schoß gefallen: zwei Literaturpreise, drei Buchveröffentlichungen, Beiträge in verschiedenen Anthologien, Lesungen. (Ich bin zu langsam, träge, vielleicht auch zu empfindlich, um Redakteuren, Lektoren, Rezensenten die Türen einzurennen.) Mein Arbeitstempo ist sehr schnell und sehr langsam: Die erste Fassung eines Textes – Lyrik oder Kurzprosa – erfolgt meistens in wenigen Minuten. Dann beginnt die tagelange, wochen- und manchmal jahrelange Arbeit, das Be- und Umarbeiten. Von manchen Gedichten mache ich zwanzig Fassungen, bis eine mich befriedigt – oder keine. Vielleicht ist meine Aktionsgehemmtheit, meine Trägheit auf den ›Alles-ist-eitel-Standpunkt‹, auf eine philosophische Haltung oder auf das Gefühl der Vergeblichkeit zurückzuführen. Ich wehre mich innerlich gegen den hektischen Literaturbetrieb, gegen die an den Schriftsteller gestellte quantitative Forderung, jährlich ein Buch zu produzieren, publizieren. Dabei stellt sich auch das Problem der rasend wechselnden Stilphasen, der schnellen Geschmacksänderungen. Der alternde, der alte Schriftsteller hat natürlich einen gefestigteren Charakter als der junge, eine festere (vielleicht starrere) Ichgeschlossenheit, er (oder sie) kann oder will sich nicht der Augenblicksmode anpassen. Es hieße opportunistisch sein, seine natürliche Schreibart zu verleugnen, um nicht als ›altmodisch‹ von der rührigen Kritik abgetan zu werden. Der Zeitgeschmack wandelt sich so schnell, daß ein vor zwei bis drei Jahren entstandenes Manuskript heute schon als ›antiquiert‹ angesehen wird. Dies gilt für die Themen (den ›Inhalt‹) und für die Form, an denen der Maßstab ›gut‹ oder ›schlecht‹ angelegt wird: gesellschaftliches Engagement, Zeitkritik, Linksradikalität, Liberalismus, neue Sachlichkeit, oder das auf das rein Sprachliche bezogene Kriterium, auf Worte, Buchstaben, auf das optische Arrangement, das Schriftbild. Alles Emotionelle wird als ›Sentimentalität‹ gebrandmarkt.

Jeder Schriftsteller macht Entwicklungen durch, seine Schreibweise ist Veränderungen unterworfen wie sein Körper, seine Einsichten und Erfahrungen. In diesem Sinne schreibe ich jetzt nicht wie vor zehn, vor zwanzig Jahren oder wie vor dem letzten Weltkrieg. Aber ich glaube sagen zu dürfen, daß ich mir im Grunde auch als Schriftstellerin, richtiger als Lyrikerin, treu geblieben bin. Die Beurteilung meines Besser- oder Schlechterwerdens überlasse ich den Kritikern und der ›Nachwelt‹.«[130)]

1. August 1973

Adolf Heitner ist ein Freund der Dichterin seit Kindesbeinen. Die Heitners wohnten in der Morariugasse in

1972 las Rose Ausländer in der Stadtbücherei Düsseldorf – unter anderem aus ihrem gerade erschienenen »Hundertbuch« Inventar.

Czernowitz im Nachbarhaus der Familie Scherzer. Die Freundschaft besteht auch weiter, als Heitner sich nach seiner Ausbildung zum Mediziner in Bukarest niederläßt, wo er die Zeit der Shoa übersteht. Nachdem Rose Ausländer ins New Yorker Exil geht, führen die beiden einen intensiven Briefwechsel, der erst versandet, als sie Anfang der achtziger Jahre altersbedingt den schwindenden Kräften Tribut zollen müssen.

Heitner ist Rose Ausländers Vertrauter; ohne Scheu berichtet sie ihm, ohne Rücksichtnahme auf Eitelkeiten und Scheinwahrung; bei ihm klagt sie und zeigt Schwächen, berichtet aber auch von Erfolgen und Triumphen.

Da Heitner Arzt ist, sind Krankheiten ein häufiges Thema der Briefe. Er hat schnell den Hang zum Hypochondrischen bei der Dichterin erkannt und reagiert häufig mit ein wenig Spott und Ironie auf die ständigen Krankheits- und Leidensgeschichten. So schreibt er in einem Brief aus Bukarest am 1. 8. 73: »Liebe Osia, was Du im Brief an Diagnosen aufzählst ist ja ein pathologisches Kompendium. Du warst nie ein Gibor, aber soviel Leiden zu akkumulieren muß man eine besondere dichterische Begabung haben. Ich bin ganz sprachlos, weil ich nicht weiß, was zu raten wäre. Entwässerungsmittel wollen nicht wirken und operieren will man auch. Das kommt ja gar nicht in Frage. Du mußt ins Gleichgewicht kommen. … Es ist symptomatisch doch erfreulich zu hören, daß Du trotz Krankheit tätig bist. Du schreibst von einer Lesung in Düsseldorf, ›aus dem Bett‹. Für den Fernseher wahrscheinlich. … Meine liebe Osia, werde und sei gesund, Dein Adolf.«[131)]

Heitner ist sich des psychosomatischen Charakters vieler Krankheiten Rose Ausländers bewußt. Da nicht anders zu helfen sei, schlägt er schließlich vor, er werde die Krankheiten durch Auspendeln heilen. Die Freundin reagiert keineswegs verärgert, mit Heitner ist sie so vertraut, daß sie mit ihm sogar gelegentlich über sich selbst spotten und lachen kann. Aber Heitner »erkennt« auch Rose Ausländer und ihre Dichtung, der er sehr nahe steht: »Verkrüppelt, todkrank und dazu noch Jude, würde Heine sagen; auf Dich beziehend paßt aber das Wort: hingegen jedoch Jüdin. Denn ich finde Trost für Dich gerade darin – in Deinen Büchern. Dir fließt ohne Zweifel Energie zu aus der Abstammung, aus dem Dir klaren und unklaren Bewußtsein der besonderen Herkunft. Zu Deinen zwei neuen Bändchen kann ich mit Genugtuung sagen, daß ich sie nicht so erleben würde wie ich sie erlebe, wäre ich am Rheinufer geboren und nicht im chassidischen Milieu des Leiser H. aufgewachsen. Den Jekis muß eine solche Poesie exotisch erscheinen und vielleicht liegt deren Erfolg im Publikum (von dem Kittner sprach) in dem für sie (die Jekis) mystisch Erscheinendem begründet. ...« (Bukarest, 27. 6. 1975)[132)]

1. Oktober 1973

Als keine wirklich durchgreifende Besserung eintritt, kündigt Rose Ausländer ihre Wohnung, in der sie niemals wohnte, zum 30. 9. 1973 und schließt einen Heimvertrag mit dem Nelly-Sachs-Haus ab. Sie meldet den neuen Wohnsitz offiziell beim Einwohnermeldeamt an. Sie beendet damit – unfreiwillig – ihr Reisen, das ruhelose, getriebene Wandern auf Heimatsuche, das ständige Pendeln von Düsseldorf nach Wien, Zürich, München, Nizza, nach Frankfurt, Kopenhagen, nach Venedig, Rom, nach Amsterdam, nach ...

Von ihrem Zimmer Nr. 419 im IV. Stock schaut sie auf die Pappelreihe, die den Nordpark begrenzt. Der Nordpark ist ihr grüner Nachbar, unter seinen Kastanienbäumen sitzt sie – auch bei Regen –, seine Fontänen und Wasserspiele bestimmen ihren Sommer.

Ins Leben des Heimes mag sie sich nicht einfügen. Sie ist von vornherein eine Außenseiterin, verweigert die Teilnahme an der Sabbatfeier, begeht die Feiertage nicht, besucht die Synagoge nicht. Sie zieht sich von den gemeinsamen Mahlzeiten zurück und läßt sich ihre Diätkost auf ihrem Zimmer servieren. Ihr Leben ist auf Gegenwart und Zukunft ausgerichtet, ihre Mitbewohner sind auf die Vergangenheit fixiert. Und insbesondere ihr kreatives Schaffen grenzt sie ab; das Interesse der Medien, der Leser auch an ihrer Person und ihre Erfolge werden von den oft vereinsamten Alten mit Neid gesehen. Sie ist fremd und bleibt fremd; das Zimmer wird zur Schutz- und Trutzburg.

Februar 1975

»Andere Zeichen«, das nächste Buch Rose Ausländers erscheint im Concept-Verlag in Düsseldorf, und nur einen Monat später gibt der sassafras-Verlag in Krefeld »Ohne Visum« heraus.[133)] Beide Bücher haben eine regelrechte Leidensgeschichte hinter sich, ihr Erscheinen verzögerte sich um mehr als ein Jahr, in »Ohne Visum« wird sogar 1974 als Erscheinungsjahr angegeben, obwohl das Buch erst 1975 erscheint. Vorausgegangen war die Bekanntschaft mit Guido Hildebrandt, der in seinem gleichnamigen Verlag in Duisburg Hundertbücher und Hundertdrucke herausgab, die in jeweils 100 Exemplaren erschienen, großformatige, mit Originalgrafik bekannter Künstler ausgestattete, kostbare Bände. Dort erschien 1972 Rose Ausländers Hundertbuch »Inventar« mit vielfarbigen Siebdrucken von Otto Piene. Damit endet die dritte »Ochsentour« für die Dichterin. Dreimal hat sie sich »hochgedient«, hat mit Veröffentlichungen in Zeitungen und Zeitschriften begonnen, neben Gedichten journalistische und Auftragsarbeiten geschrieben, in Anthologien, später auch im Funk veröffent-

Die Dichterin feierte ihren Geburtstag 1973 im Nelly-Sachs-Haus, dem Elternheim der Jüdischen Gemeinde Düsseldorf.

licht und schließlich das Ziel, die Buchveröffentlichung, erreicht. So war der Ablauf bis zu ihrem ersten Buch »Der Regenbogen«. Diesem ersten Buch folgten aber keine weiteren Buchveröffentlichungen, der Krieg und die Shoa beendeten für die Lyrikerin jegliches Publizieren. In New York begann sie 1949 als völlig unbekannte Autorin, noch dazu in englischer Sprache die »Ochsentour« erneut und erarbeitete sich mit Gedichtpublikationen in Zeitungen und Zeitschriften, in Anthologien und im Funk und journalistischen Auftragsarbeiten nach erneutem Sprachwechsel schließlich 1965 das zweite Buch »Blinder Sommer«. Die folgende Zusammenarbeit mit dem Verlag Hoffmann & Campe bleibt auf den Band »36 Gerechte« beschränkt. Auch der letzte einjährige Besuch in den USA trägt mit dazu bei, daß Rose Ausländer wieder nur in Zeitungen und Zeitschriften, in Anthologien und im Funk publiziert, daß sie Auftragsarbeiten wie »Alles kann Motiv sein« und »Czernowitz, Heine und die Folgen« schreibt und veröffentlicht.

Bei der Herstellung des Hundertbuches »Inventar« lernt sie den Drucker Klaus Ulrich Düsselberg kennen, der nicht nur die kostbaren Bücher für Hildebrandt druckt, sondern auch als Verleger und Drucker für seine eigenen Verlage, den Verlag der Galerie am Bismarckplatz und den sassafras-Verlag, tätig ist. Düsselberg reagiert auf die erfolgreiche Lesung Rose Ausländers in der Düsseldorfer Jazzkneipe sassafras, die wie alle Lesungen dort in jener Zeit von Rolfrafael Schröer organisiert wird, mit dem Versprechen, ein Buch der Dichterin in seinem sassafras-Verlag herauszugeben. Schröer, der Rose Ausländer Anfang der siebziger Jahre intensiv betreut, wird zum Motor dieses Projekts, und gemeinsam mit Günter Lanser, Lektor für den Concept-Verlag, bemüht er sich auch um die Publikation von »Andere Zeichen«. Beide Verlage sind klein, veröffentlichen unregelmäßig und sind »Anhängsel« von Druckereien. Immer wieder muß Rose Ausländer drängen, die gegebenen Publikationsversprechen einzuhalten. Sie wird vertröstet, neue Versprechen werden gegeben, Schröer interveniert, die neuen Veröffentlichungstermine werden nicht eingehalten, so geht es über ein Jahr, bis schließlich doch fast zeitgleich beide Bücher erscheinen.

In diesen Jahren findet sie viel Unterstützung auch durch andere Freunde in Düsseldorf, so zum Beispiel durch Lore Schaumann und Käte Reiter, die ihr bei Bedarf Unterkunft gewähren, Lesungen organisieren, kritische Anreger bei der Arbeit an den Gedichten sind. Namhafte Schriftstellerinnen und Schriftsteller bemühen sich um Rose Ausländer und ihr Werk. Die Bekanntschaft zu Marie Luise Kaschnitz wird durch Käte Reiter vermittelt, die seit langem mit dieser Autorin eng befreundet ist. Es entsteht zu Marie Luise Kaschnitz eine hilfreiche Freundschaft, die sich unter anderem in Artikeln in der Frankfurter Allgemeinen Zeitung und im Nachwort zu »Andere Zeichen« niederschlägt.

Spätsommer 1975

Ich gründete im Jahr 1975 den Literarischen Verlag Helmut Braun und suchte Autoren. Der Verleger Eugen Michel vom Concept-Verlag empfahl mir Rose Ausländer und vermittelte den ersten Besuch im Spätsommer 1975.

Ich habe vorher von dieser Autorin noch nicht gehört, keine Gedichte von ihr gelesen. Nicht verwunderlich, wenn man bedenkt, daß ihre bis dahin erschienenen sechs Gedichtbände in einer Gesamtauflage von nur 3500 Exemplaren gedruckt worden waren, wovon sicher nicht mehr als 2000 Bücher die Leser erreicht hatten. Wer kannte damals Rose Ausländer?

Eine alte Frau empfängt mich im Nelly-Sachs-Haus, im IV. Stock, Zimmer 419. Ein vom Leben gezeichnetes

Gesicht, welches von großen, dunklen, hellwachen Augen beherrscht wird. Freundliche Skepsis gegenüber dem jungen Verleger, der da plötzlich auftaucht und alles besser machen will als alle Verlage vorher. So schwierig aber schien mir das nicht, wer hatte schon etwas Sinnvolles getan, um diese Lyrikerin bekannt zu machen? Diese Frau und ihr Werk, das ich rasch kennenlerne, faszinieren mich. Schnell gewinne ich Rose Ausländer für den Plan, alle ihre seit 1965 erschienenen Gedichte und einhundert unveröffentlichte Texte dazu, mit einem Nachwort von Walter Helmut Fritz, in einem Band »Gesammelte Gedichte«[134] zugänglich zu machen. Die erste Auflage von 1200 Exemplaren erscheint – herausgegeben von Hugo Ernst Käufer und Berndt Mosblech – in einer roten Stülpschachtel, bedruckt mit einem der Holzschnitte, die hap grieshaber beisteuert; eine Schallplatte mit von der Dichterin gelesenen Gedichten ist beigelegt. Die Vorzugsausgabe ist bereits vor Auslieferung vergriffen, die gesamte erste Auflage innerhalb von drei Monaten verkauft. Die zweite, wesentlich veränderte Auflage – es handelt sich um ein »normales Buch« mit 572 Seiten Umfang, einen »Ziegelstein« von einem Buch –, ergänzt um die Gedichte aus dem Band »Noch ist Raum«[135] und einem Essay von Jürgen P. Wallmann zu Leben und Werk von Rose Ausländer, erscheint Mitte 1976. Diese Ausgabe findet in den Folgejahren 6000 interessierte Käufer. Schlagartig wird Rose Ausländer bekannt.

Bahnbrechend für die Rezeption in den Medien wird der Artikel von Hans Bender am 1. 11. 1976 in der Süddeutschen Zeitung. Er schreibt: »… Ihre Gedichte sind Selbstdarstellung ihres Lebens und des Lebens in allen seinen Gestaltungen, Verzweigungen und Möglichkeiten. Sie halten Rechenschaft über Vorgänge, denen sie und andere ausgesetzt waren. Ihre Gedichte bezeugen aber auch immer die Situation der Stunde, in welcher das Gedicht jeweils entstanden ist; die letzten Gedichte in der Einsamkeit des Krankenzimmers im Altenheim. Noch sind die Schatten und Ängste und die Trauer um die Toten nicht überwunden, doch auch ein deutliches Ja zum Leben ist ihnen nun entgegengesetzt: ›Ja sagen / zum Leben das mit mir / und deinen Worten / spielt‹. Eine Sehnsucht nach Frieden, Versöhnung, Auferstehung. ›Du darfst ein Mensch sein / arglos‹, spricht sie im vorletzten Gedicht sich zu. Und im letzten sagt sie – und gibt damit allen neuen Gedichten einen Titel – ›Lippen / ja / es bleibt noch / viel zu sagen.‹ …«[136)]

Als Folge setzt eine Flut von Besprechungen, Berichten, Würdigungen in allen namhaften deutschen Zeitungen ein, der Rundfunk und auch das Fernsehen ziehen nach. In den nächsten drei Jahren veröffentlichen wir im Literarischen Verlag Braun »Doppelspiel«, »Mutterland«, »Es bleibt noch viel zu sagen« und »Ein Stück weiter«. Alle diese Bände werden von Berndt Mosblech zusammengestellt. Zeitgleich erscheint das erste Taschenbuch »Aschensommer« im dtv, die erste Auslandsausgabe »Selected Poems« in London.[137)] Verkauf und Rezeption bleiben hervorragend: Rose Ausländer ist durchgesetzt!

War zwischen Rose Ausländer und mir anfangs eine Arbeitsbeziehung Autorin: Verleger, entstand im Laufe der Zeit beiderseitiges Vertrauen und daraus schließlich eine tiefe Freundschaft, die bis zu ihrem Tode 1988 Bestand hatte.

1. November 1975

Immer wieder betont Rose Ausländer, daß ihr Schreiben Leben, ja Überleben gesichert hat. Immer wieder betont sie auch, daß ihr Schreiben zwanghaft erfolgt, eine Triebhandlung ist. Aber keinesfalls genügt ihr das Schreiben an sich. Niemals hat sie daran gedacht, nur für die Schublade zu schreiben, immer bemüht sie sich um Veröffentlichung, auch wenn sie in Briefen gelegentlich mit einer angeblichen Zurückhaltung bezüglich des Publizierens kokettiert. Und immer ist sie auch gespannt auf das Echo der Leser, erbittet das Urteil nahestehender Personen, reagiert offen und zugänglich auf fundierte Kritik, freut sich an Lob und Zustimmung. In einem Brief an Ursula Ratjen bringt sie dies alles stimmig in zwei Sätzen auf den Punkt: »Ich schreibe, weil ich muß – quasi für mich selber – aber ich *publiziere* für *Leser*, denen ich meine vorgestellte Welt zeige. Das Echo ist Sonnenschein, ohne den ich vielleicht nicht wachsen könnte.«[138)]

25. Januar 1976

»Auf den Besuch von Peter Huchel // Mir träumte / ein Freund sei gekommen / der Welten erschafft // Er stand auf einem Stern / der ihn hastig entführte / rief mir ein paar / Sternworte zu // Meine Liebe / zu seinen Welten / winkte / Aufwiedersehn.«[139)]

Peter Huchel liest in Düsseldorf vormittags in der Städtischen Kunsthalle. Obwohl er nur den einen Tag in Düsseldorf ist, läßt er sich es nicht nehmen, Rose Ausländer zu besuchen. Sie tauschen Artigkeiten und Komplimente, er verehrt ihr sein Buch. Rose Ausländer, die seine Gedichte schätzt, fühlt sich geehrt und ist so beeindruckt, daß sie ein Gedicht auf diesen Besuch schreibt.

Peter Huchel kennt Gedichte von Rose Ausländer schon länger. Nicht vielen sind ihre Gedichte in der DDR bekannt, aber die kleine Gemeinde der Verehrer hat gute Namen, und manches ihrer Gedichte wird abgeschrieben und wandert von Hand zu Hand.

Bereits in der hocheingeschätzten Anthologie »Welch Wort in die Kälte gerufen«[140)] ist sie 1968 vertreten, einzelne Anthologiebeiträge und einige wenige Artikel über sie in kirchlichen Zeitungen folgen; der erste Auswahlband »Sieben neue Tage«[141] erscheint 1989 und geht in der »Wende« unter.

20. Juni 1976

Am 27. 4. 1974 lebt der Briefwechsel mit dem »Wegbegleiter« Alfred Kittner, der sie im Frühjahr 1974 besuchen konnte, weil er erstmalig eine Ausreiseerlaubnis aus Rumänien erhielt, wieder auf. Im Februar 1976 schickt ihr Kittner ein Exemplar des von ihm herausgegebenen und mit einem Essay versehenen Bandes »Geheimnis und Verzicht« von Alfred Margul-Sperber.[142] Rose Ausländer schreibt am 1. 3. 1976 an Kittner: »... heute erhielt ich den imposanten Sperber-Band ›Geheimnis und Verzicht‹. Ihre Widmung und sein Foto haben mich zu Tränen gerührt. Lebhaft denke ich seiner, er steht vor mir, der ›gute Riese‹, mein erster ›Entdecker‹ ...«[143] – die Vergangenheit ist ihr präsent!

Die beiden tauschen sich auch über die Mühen des Dichtens aus, das ihnen zeitweise sehr schwer fällt. Am 20. 6. 76 heißt es in einem Brief von Rose Ausländer an Alfred Kittner: »... Wie treffend drücken Sie es aus: ›Mit dem Kainsmal der Dichtung Gezeichneten‹! – Dies gilt aber nicht für die ›wenigen Auserwählten‹, sondern wahrscheinlich für jeden ernsten Dichter. Sie wissen ja, daß ich über das Dichten sagte: ›Sieben Höllen durchwandern.‹ Aber wie viele Höllen durchwandern wir, wenn wir *nicht* dichten können? Ich arbeite noch immer Tag und Nacht, nicht weil ich viel Neues schreibe, sondern weil ich ältere Texte bearbeite. Gott weiß ob sie taugen und ich sie für den *über*nächsten Gedichtband verwenden werde.«[144]

Daß zu ihrem Dichten neben Inspiration und Eingebung auch viel Mühe, Arbeiten und Ringen um die Gedichte gehört, hat sie auch an anderen Stellen ausgeführt, so schreibt sie in »Alles kann Motiv sein«: »Warum ich schreibe? Weil Wörter mir diktieren: schreib uns. Sie wollen verbunden sein, Verbündete. Wort mit Wort mit Wort. Eine Wortphalanx für, die andere gegen mich. Ins Papierfeld einrücken wollen sie, da soll der Kampf ausgefochten werden. Ich verhalte mich oft skeptisch, will mich ihrer Diktatur nicht unterwerfen, werfe sie in den Wind. Sind sie stärker als er, kommen sie zu mir zurück, rütteln und quälen mich, bis ich nachgebe. So, jetzt laßt mich in Frieden. Aber Wörter sind keine fügsamen Figuren, mit denen man nach Belieben verfahren kann. Ich hätte sie mißverstanden, behaupten sie, sie hätten es anders gemeint. Sie seien nicht auf der richtigen Stelle untergebracht, murren sie. Scheinheilige, die friedfertig und unbewegt auf der weißen Fläche stehen. Das ist Täuschung. Hart sind sie, auch die zartesten. Wir sehen uns an, wir lieben uns. Meine Bäume, meine Sterne, meine Brüder: in diesem Stil rede ich zu ihnen. Sie drehen den Stil um, greifen mich an, zwingen mich, sie hin- und herzuschieben, bis sie glauben, den ihnen gebührenden Platz eingenommen zu haben. Warum schreibe ich? Weil ich, meine Identität suchend, mit mir deutlicher spreche und dem wortlosen Bogen. Er spannt mich. Ich bin gespannt auf die Wörter, die zu mir kommen wollen. Ich rede mit ihnen zu mir, zu dir, rede dir zu, mich anzuhören. Die Welt stellt mir hinterlistige Fragen. Meine Wörter antworten ihr offenherzig mit Fragen. Geheimschriftlich blättert sich mein Leben ab, Blatt für Blatt: Jahre, die sich Verse auf das undurchdringliche Woher – Wohin? machen. Ich lege Rechenschaft ab, über mich, meine Umgebung, Zustände, Zusammenhänge. Meine Wörter wollen gebucht werden: Soll und Haben. Du sollst uns haben, sagen sie, wenn du uns ins Buch einträgst. Ich sträube mich. Ich *denke* viele Gedichte und Geschichten, schreibe nur einen kleinen Bruchteil davon. Warum? Weil. Erklärungen sind nur ein kleiner Bruchteil der Wahrheit ...

Nach einem Interview für die dpa wurde Rose Ausländer 1976 in ihrem Zimmer im vierten Stock des Nelly-Sachs-Hauses fotografiert.

Oft habe ich mich gefragt, *was* dieses Schreiben eigentlich sei, und habe mir verschiedene Antworten gegeben. Bei der kürzesten bin ich geblieben: ›Schreiben ist ein Trieb‹.«[145)]

In siebzig Jahren besessenen Schreibens sind mehr als 3000 Gedichte entstanden. An manchen hat die Dichterin 30 Jahre lang gearbeitet, von manchen existieren bis zu fünfundzwanzig Fassungen. Immer wieder überarbeitet sie ihre Texte, immer wieder bringt sie die in der Schublade liegenden Verse auf den neuesten Stand ihrer Kunst, bis sie hinaus können in die Bücher zu den Lesern. »Am Ende hat Rose Ausländer, der Sprache sich hingebend, den Deutschen ein Wortkunstwerk geschenkt, wie es stärker im Ausdruck, feiner in der Form und präziser in der Aussage kaum zu denken ist.« (FAZ, 11. 10. 95)[146)]

Anfang 1977

Der Publizist Jürgen Serke, der damals für den »Stern« arbeitet, sucht Rose Ausländer im Nelly-Sachs-Haus auf, um mit ihr ein langes Gespräch zu führen. Er sammelt Material für eine Serie »Frauen schreiben«, die noch im gleichen Jahr im »Stern« erscheinen soll. In Serkes Begleitung ist der Fotograf Stefan Moses. Er fotografiert die Dichterin in den folgenden Stunden mehr als siebzigmal. Sie »vergißt« im Laufe des Gespräches die Anwesenheit des Fotografen. Stefan Moses gelingen die besten und beeindruckendsten Bilder, die von Rose Ausländer existieren; er zeigt eine alte, uneitle Frau in ihrer bescheidenen Lebenssituation in ihrem Zimmer; zeigt ihre kreative Wachheit, ihre Offenheit im Gespräch, ihre Lebhaftigkeit und Vitalität; er zeigt eine schöne Frau auf dem Höhepunkt ihrer Kunst.

Die Serie im »Stern« wird nach sieben Folgen wegen mangelnder Leserresonanz abgebrochen. Das Rose Ausländer-Porträt erscheint deshalb in der Illustrierten nicht; wird aber im Folgejahr im Buch »Frauen schreiben« im Sternverlag publiziert und liegt auch in einer Taschenbuchausgabe vor.[147)]

4. Mai – 5. Juni 1977

Das Heinrich-Heine-Institut in Düsseldorf zeigt die erste Ausstellung zu Leben und Werk von Rose Ausländer. Zur Eröffnung der erfolgreichen Ausstellung verläßt sie zum vorletzten Mal das Nelly-Sachs-Haus in Begleitung von zwei Pflegeschwestern. Sie genießt den Erfolg und die Aufmerksamkeit, die ihr zuteil werden. Die Rolle der »großen alten Dame der Lyrik«, die ihr Joseph Anton Kruse, der Direktor des Heine-Instituts, im Vorwort zum Katalog der Ausstellung[148)] zuweist, will sie allerdings nicht übernehmen, sie schreibt: »wer hofft ist jung«[149)] und diese Jugend hat sie nie verloren.

20. Mai 1977

Im Rathaus in Freiburg wird Rose Ausländer der Ida-Dehmel-Literaturpreis der GEDOK verliehen. Die Dichterin will sich krankheitsbedingt die Reise nach Freiburg nicht mehr zumuten. Hilde Domin nimmt den Preis für sie entgegen. Eva Zeller hält die Laudatio und liest Gedichte der Preisträgerin.

24. Juni 1977

»Ein Forum für Rose Ausländer«, so überschreibt Lore Schaumann ihren Bericht zur Verleihung des Andreas-Gryphius-Preises in Düsseldorf an Rose Ausländer.[150)]

1977 wird der Preis doppelt vergeben. Neben Rose Ausländer erhält der im April 1977 aus der DDR ausgereiste Reiner Kunze die Auszeichnung. »Sie (Rose Ausländer) erklomm trotz Behinderung das Podium und ließ sich am Preisträger-Tisch nieder, wo Jürgen P. Wallmann über alle ausführliche Angaben im Literaturgeschichts-Stil machte. Gegen seine betont schmucklose Vorlesung hob sich die sprachliche Fülle der Dichterin wirkungsvoll ab. Aus den zahlreichen Gedichten, die sie mit fester Stimme lesend interpretierte, sprach der reife Ertrag eines in den Feuern der Verfolgung und der Einsamkeit gehärteten Lebens. Unsere Sprache ist durch Rose Ausländers Können reicher geworden.

Daß Reiner Kunze dem Gewicht dieser Lebensleistung nachgab, spricht nicht nur für seinen intuitiven Takt, es rückte auch zurecht, was manchem sonst wie eine vordergründig politische Sensation erscheinen wollte. Kunze las nichts eigenes mehr, sondern er ›nutzte die Erhöhung‹, um auf junge, zur Stummheit verurteilte DDR-Dichter aufmerksam zu machen – ohne Nennung von Namen, bis auf den des gefangenen Jürgen Fuchs.«[151)]

Nach dem Vortrag ihrer Gedichte dankt das Publikum Rose Ausländer mit stehender Ovation. Es ist ihre letzte Lesung, das letzte Mal, daß sie die Obhut des Nelly-Sachs-Hauses verläßt.

Dezember 1977

Die Bewältigung ihres Alltagslebens wird für Rose Ausländer immer schwieriger. Der kranke Körper fordert Tribut. Den Kontakt zu den Freunden aufrecht zu halten, macht zunehmend Mühe. Das Interesse der Verlage, der Medien, der Leser an ihrem Werk und ihrer Person ist ihr zwar hochwillkommen, beschneidet aber immer stärker die Zeit, die zum Schreiben und Überarbeiten ihrer Ge-

hap grieshaber verehrte Rose Ausländer den Malbrief zum – vermeintlich – 70. Geburtstag am 11. Mai 1977

dichte notwendig ist. Schon früher hat sie einmal notiert: »Jeder will etwas von mir: ein bißchen Blut, ein bißchen Hautduft, ein bißchen Futter, ein bißchen Schadenfreude, ein bißchen Halleluja. Man möchte ja gern allen gerecht werden, aber man möchte auch gern sich selbst gerecht werden, seine eigene Stimme hören, keine frommen Wünsche haben, einmal alles verwünschen dürfen. Dieses Glück ist einem selten vergönnt.«[152)]

In dieser Situation trifft sie, typisch für sie, eine rigorose Entscheidung und erklärt sich für bettlägrig. Aus medizinischer Sicht ist dieser Schritt nicht notwendig. Sie ist krank, aber nicht so krank. Sie engagiert zusätzlich zum pflegenden Personal des Heimes eine Privatschwester für sich, die jeden Tag von 15:45 Uhr bis 18:45 Uhr zu ihr kommt. Ihr Bett verläßt sie von jenem Tage an bis zu ihrem Tode zehn Jahre später nicht mehr. Sie verliert den Rest Beweglichkeit, der ihr noch zur Verfügung gestanden hat, sie gewinnt die Zeit, um ihr dichterisches Arbeiten, so wie sie es wünscht, fortzusetzen.

18. August 1980

Als ich 1979 die verlegerische Arbeit wegen des Konkurses des Literarischen Verlages Braun einstelle, suche ich für Rose Ausländer nach einem neuen Verlag. Ein großer Verlag soll es sein, zudem ein Verlag in dessen Programm die deutsch-jüdische Lyrikerin gut aufgehoben ist. Rose Ausländers erste Wahl ist der S. Fischer Verlag in Frankfurt/Main. Die Verlegerin Monika Schoeller ist sofort bereit, die Dichterin in ihrem Verlag aufzunehmen. In einem umfassenden Vertrag vom 18. 8. 1980, der in Düsseldorf, bei einem Besuch von Ivo Frenzel, dem damaligen Mitgeschäftsführer des Verlages und Thomas Beckermann, dem betreuenden Lektor, bei Rose Ausländer in ihrem Zimmer im Nelly-Sachs-Haus abgeschlossen wird, wird nicht nur die Herausgabe eines Originalbandes und die Herausgabe von Taschenbüchern vereinbart, sondern auch die Herausgabe des Gesamtwerkes in einer siebenbändigen Gesamtausgabe, die später auf acht Bände wächst, optiert.

Februar 1981

Rose Ausländers »Einstiegsband« bei S. Fischer ist »Mein Atem heißt jetzt«, zeitgleich erscheint als Taschenbuch »Im Atemhaus wohnen«.[153)] Beide Bücher sind im Verkauf ungewöhnlich erfolgreich, und die Kritik feiert sie.

»Nach Else Lasker-Schüler, Nelly Sachs, Gertrud Kolmar ist Rose Ausländer die letzte unter den biblisch inspirierten jüdischen Lyrikerinnen deutscher Sprache. Ihre Gedichte kommen aus einer großen Einsamkeit. Ihr Wortatem weht aus einem anderen Land. ›Aus dem Ärmel der toten Mutter / hol ich die Harfe / ein Wind vom östlichen Hirtental / rührt die Saiten.‹ …

»In ihren Gedichten atmen die Tag-, Nacht- und Jahreszeiten, begegnen Mond und Sterne, werden Kinder und Liebe, Rose, Blüte und Stein benannt, wird die Märchensprache, die Sabbatsprache gesprochen. Eine Schlaflose wacht. Die Wachende will, nicht fragend nach Macht und Ohnmacht, die Menschen lieben. Sie ist durch das zu Todeerschrecken gegangen. Davor und danach muß der chassidische Mantel sie berührt haben, leibhaftig am Pruth, erinnernd am sprachfernen Hudson. Sie tut ›Seelenarbeit‹ in einem archaisch-biblischen Sinn.« …

»Am stärksten sprechen jene Gedichte, die das persönliche Schicksal erzählen und tastend-suchend ins Wort holen. Rose Ausländers wachtraumlyrische Stimme paßt in keine gängige Poetik.«[154)]

»… Die späten Gedichte Rose Ausländers sind Gespräche: Selbstgespräche des lyrischen Ich und Anreden an ein

Gegenüber. Wenn sie in ihren Versen von sich spricht, dann hat das nichts zu tun mit ›neuer Subjektivität‹: Es ist das uralte Sprechen des Poeten, der scheinbar Subjektives im Kunstwerk zu objektiveren vermag, der Ich sagt und dabei zugleich immer Du mitmeint .... Überraschend ist es, wie diese Dichterin, deren ganze Existenz von den Leiden der Vergangenheit und der Gegenwart überschattet ist, doch immer neu zu einem Bekenntnis für die Gegenwart findet: einem Bekenntnis, das die Dunkelheiten keineswegs wegretuschiert, sie vielmehr aufhebt im Jetzt.«[155)]

»Soeben ist ein neuer Gedichtband von Rose Ausländer erschienen. Mehr als ein halbes Dutzend andere sind ihm vorausgegangen. Auch an Preisen und Ehrungen für die Autorin hat es nicht gefehlt. Doch geht eine Stille von ihr aus. Im Fernsehen tritt sie nicht auf, bei Round-Table-Gesprächen ist sie nicht zu hören, von einem Roman, an dem sie schreibt, weiß man nichts, nicht einmal Statements zur Lyrik oder essayistische Selbstdeutungen sind von ihr zu erwarten.

Es handelt sich um eine Dame, die zurückgezogen, wohl auch kränklich, im Nelly-Sachs-Haus in Düsseldorf lebt und Gedichte schreibt – so ausschließlich, wie es wenige Schriftsteller getan haben oder tun. Ist Rose Ausländer nun eine bekannte oder verkannte Lyrikerin? Der neue Band könnte die Frage entscheiden, vielleicht sogar ihr zu Ruhm verhelfen.

Bisher nämlich ist Rose Ausländer immer beides gewesen: präsent und abwesend, beredt und schweigsam zugleich. Eine sehr leise Stimme, aber durchs Gemurmel des Literaturbetriebs hindurchtönend. Eine eigene Stimme, aber mit Anklängen. Einsam, aber in der Reihe von Else Lasker-Schüler, Gertrud Kolmar, Nelly Sachs. Auch Paul Celan muß genannt werden: mit ihm war sie befreundet, über ihn schrieb sie einen schönen Epitaph. Mit ihm teilt sie Heimat und Herkunft: Die Stadt Czerno-

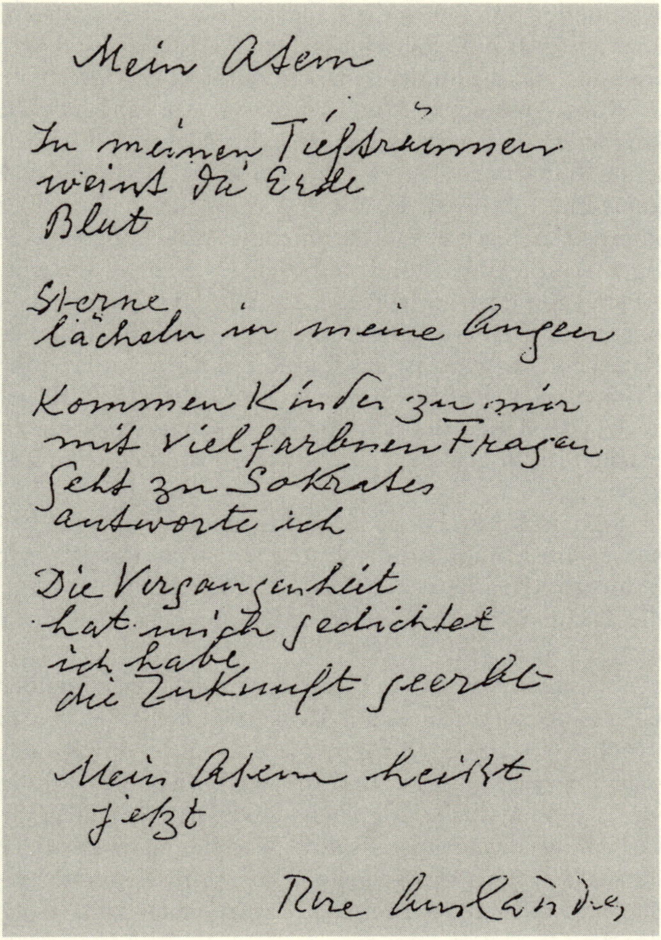

Mein Atem

In meinen Tiefträumen
weint die Erde
Blut

Sterne
lächeln in meine Augen

Kommen Kinder zu mir
mit vielfarbenen Fragen
Geht zu Sokrates
antworte ich

Die Vergangenheit
hat mich gedichtet
ich habe
die Zukunft geerbt

Mein Atem heißt
jetzt

Rose Ausländer

Das Manuskript des Titelgedichtes »Mein Atem« stellte Rose Ausländer zum Abdruck im Band »Mein Atem heißt jetzt« zur Verfügung. Diese handschriftliche Fassung weicht von der Druckfassung ab. (kommen Menschen / kommen Kinder)

witz in der Bukowina, die Landschaft des Flusses Pruth, aber auch das jüdische Schicksal von Verfolgung und Vertreibung und die immer bedrohte Zuflucht im Gedicht.

Rose Ausländers Weg freilich war vorsichtiger und langsamer als der ihres Landsmannes Celan. Sie schrieb keine Todesfuge: aber es gab auch keine Hermetik und keine Flut von Interpretationen. Es gibt auch nicht viel zu interpretieren, wenn man darunter die Aufhellung schwieriger Anspielungen und verborgener Bezüge versteht. Aber es gibt doch soviel Paradoxie, wie das Gedicht benötigt, um zu existieren. Die Autorin gibt uns nicht allzuviele Rätsel auf: sie selbst ist das Rätsel. Ein Rätsel an Produktivität und Existenzbekundung im Gedicht, ein Rätsel auch in der Kunst, das Einfache, das bekanntlich schwer zu machen ist, in den alten Grundworten der Poesie auszusagen. ...

So braucht die Poesie keine Begründungen, keine Beweise: ›Im Königreich der Luft / atmet die Poesie / wir brauchen keine Beweise / daß wir leben‹. Unter uns lebt die Dichterin Rose Ausländer. Das braucht man nicht mehr zu beweisen.«[156] (HH)

»... sie ist eine andere Natur, dem Augenblick und der Gegenwart aufgeschlossen: ›Mein Atem heißt / jetzt.‹ Sie ›trinkt‹, wie sie in einem anderen Gedicht des Bandes sagt, ihre Augenblicke, und die Wirklichkeit ist für sie ›unser unverlässliches Märchen‹. Und darin wohl liegt ihr Geheimnis, das Geheimnis ihrer Wirkung, dass sie wider die ›hartherzigen Verteidiger der Vernunft‹, der verstörenden und nie zu vergessenden Vergangenheit zum Trotz den Frieden feiert, dass sie das Wort als Wohnung nach langer Irrfahrt dankbar annimmt. Trauer löst sich da auf in Heiterkeit; allen Todeserfahrungen und allem Grauen ist es nicht gelungen, die Gewissheit zu zerstören, dass der Mensch gut sei, dass ›alles in Blüte / auch deine Trauer‹, Botschaften dieser Art haben es leichter als die Botschaften Hiobs. Die Stimme Rose Ausländers wird gehört.«[157]

In rascher Folge erscheinen die nächsten Bände: »Mein Venedig versinkt nicht« und die Taschenbücher »Mutterland / Einverständnis«; »Ich zähl die Sterne / meiner Worte«; »Blinder Sommer«; »Der Traum hat offene Augen« und »Einst war ich Scheherezade«.[158)]

3. März 1981

Der Herausgebervertrag für das Gesamtwerk von Rose Ausländer wird zwischen dem S. Fischer Verlag und dem Herausgeber Helmut Braun abgeschlossen. Damit beginnt die Arbeit an der achtbändigen Gesamtausgabe und gleichzeitig die »Entschlüsselung« der Biographie von Rose Ausländer, die bis dahin keine Gelegenheit ausließ, Fakten zu ihren Lebensdaten mit diversen Legenden zu mischen. Zunächst zögerlich, gestattet sie den Zugriff auf die Manuskripte, Briefe und Dokumente in den Schränken ihres Zimmers, gibt das Material an mich nur abgezählt – drei Manuskriptseiten pro Woche – heraus, bis das Vertrauen wächst, sie den unkontrollierten Zugriff in ihre »Schätze« gestattet, damit die uneingeschränkte Herausgabe ihrer veröffentlichten und unveröffentlichten Texte ermöglicht, andererseits aber auch in Kauf nimmt, daß ihre »reale« Lebensgeschichte – die um vieles spannender und inhaltsreicher als die bis dahin erzählten Legenden ist – anhand diverser Materialien, Mosaiksteinchen um Mosaiksteinchen von mir aufgefunden und zusammengeführt wird. Mit der Publikation dieser Fakten und Daten erklärt sie sich ausdrücklich einverstanden.

1982

Von Mitte 1981 bis Ende 1982 schreibt Rose Ausländer nicht. Krankheit und Medikamente lähmen die Schaffenskraft. Der Rückzug in die Selbstisolation beginnt. Sie liest die Zeitungen nicht mehr, hört kein Radio, schaltet das Fernsehen nicht mehr ein, ihre Antworten auf Briefe werden spärlicher, sie läßt die Kontakte zu nahestehenden Menschen abreißen.

10. Januar – 9. Oktober 1983

Rose Ausländer diktiert mir wieder Gedichte. Ihre Hände sind durch Arthrose verkrüppelt, sie kann nicht mehr schreiben. Mit einem Stift, den sie zwischen Zeige- und Mittelfinger klemmt, malt sie in einer Kürzelschrift Texte, Erinnerungsstützen in Notizbücher. Bei meinen Besuchen, die wöchentlich am Freitag stattfinden, diktiert sie diese Gedichte. Ich lasse die Texte schreiben, sie arbeitet mit diesen Typoskripten, ändert. Es sind einfache, fast fragmentarische Verse, ein Zurücktasten zu ihren dichterischen Ausdrucksmitteln – 1985 in dem Band »Ich zähl die Sterne / meiner Worte« veröffentlicht.[159)]

Februar 1984

»Im Aschenregen / die Spur deines Namens« und »Hügel / aus Äther / unwiderruflich«, die beiden ersten Bände der Gesammelten Werke, erscheinen im S. Fischer Verlag in Frankfurt am Main.[160)]

»Seit bald zwanzig Jahren hat Rose Ausländer, längst als eine der bedeutendsten modernen Lyrikerinnen deutscher Sprache anerkannt, ihren endgültigen Ort im Schreiben, in ihrer künstlerischen Ausdrucksform gefun-

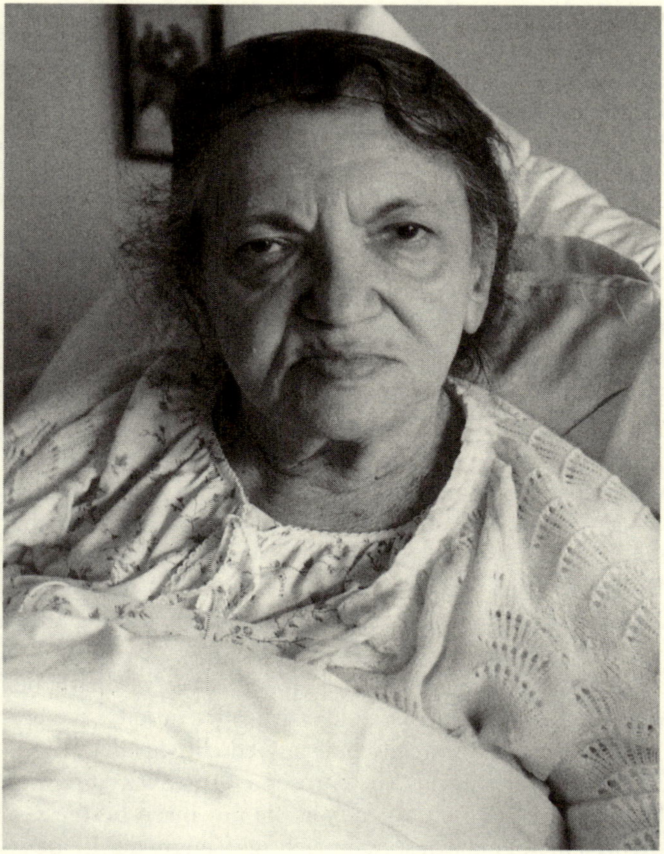

Eines der letzten Fotos von Rose Ausländer aus dem Jahre 1984.

den. Sie hat über die Zeit tödlicher Bedrohung in Czernowitz, die siebzehn Jahre im amerikanischen Exil, die von vielen Reisen unterbrochenen Anfangsjahre in Düsseldorf hinweg bis ins letzte Jahrzehnt – seit Jahren ist sie pflegebedürftig und ans Zimmer des Düsseldorfer Nelly-Sachs-Heims gefesselt – am Schreiben als ihrer Überlebensform seit Anbruch der Alptraumzeit festgehalten. Zögernd erkennt sie, die das Thema Schreiben, Sprache in ihren Gedichten immer wieder aufgreift, in ihrer Arbeit die vitale, vielgestaltige Äußerungesform eines Triebs, ihres Überlebenstriebs.«[161)]

»Der umfangreiche Korpus der zumeist unveröffentlichten Gedichte greift nochmals die immer wiederkehrenden Themen der Rose Ausländer auf. Liebe und Trennung, Schöpfung und Tod, überwältigende Sehnsucht und ein ebenso elementarer Schmerz – das sind ihre Melodien, die sie bis ins hohe Alter begleiten werden. Erstmals aber sind sie in diesen drei entscheidenden Jahrzehnten ihrer Biografie angeschlagen worden. Die starke Vitalität ihres Leids ist da, ebenso wie ihr Glückshunger, der nie altern wird.«[162)]

»Die Beispiele früher und später Lyrik verdeutlichen den Weg, den Rose Ausländer zurückgelegt hat: vom epigonalen zum unverwechselbaren Gedicht, aus dem literarischen Abseits in die Mitte unserer Gegenwartsliteratur. Schon jetzt läßt sich sagen, was sie mit ihren besten Gedichten bleiben wird: sprachmächtige Zeugin der Leidensgeschichte unseres Jahrhunderts.«[163)]

»Andererseits trifft zu: Rose Ausländer wirtschaftet keineswegs naiv traditionalistisch aus dem im Grunde romantischen, dichterischen Impuls, der allen ihren Versen den Stempel aufdrückt und ihnen eine Eigenschaft verleiht, die den dezidiert Modernen, insbesondere Celan, abgeht: die Fähigkeit, der schönen Illusion einer Geborgenheit in Gefühl und Sprache allen Widrigkeiten zum Trotz im Gedicht plastischen Ausdruck zu geben. Diese

Zwischenstellung der Dichterin, ihre Quasi-Modernität, die mit Epigonentum durchaus nichts gemeinsam hat, sich vielmehr mit Originalität und Spontaneität aufs beste verträgt, kommen in dem Band ›Die Sichel mäht die Zeit zu Heu‹ höchst eindrucksvoll zum Vorschein.

Die Spannweite der poetischen Möglichkeiten ist bemerkenswert. Sie reicht von stillen, idyllischen Reflexionen, in denen sich das Ich gleichsam ins Innerste der Phantasie zurücknimmt, zu rhythmisch weit ausholenden Beschwörungen, in denen eine bedrängte, aber tapfere Seele sich der gemütlosen modernen Wirklichkeit stellt. New York ist Thema sehr vieler Gedichte. Auch die jüdische Herkunft und das von Erinnerung umspielte Rumänien der Kindheit werden in den Gedichten auf sehr prägnante Weise manifest. Überhaupt: Man ist überrascht wahrzunehmen, wie viel ›Welt‹ sich hier in teils zärtlichen, teils stürmischen, bildmächtigen Visionen mitteilt. Auch wache Anteilnahme an zeitgenössischen Dichtern von Marianne Moore bis hin zu dem kapriziösen E. E. Cummings, wird bekundet.«[164)]

»Ihr Wirkungskreis wächst. Immer wichtiger wird uns Rose Ausländers lyrisches Werk. Ihr Wirkungskreis wächst (was sie nicht zuletzt dem früheren Verleger und jetzigen Herausgeber Helmut Braun verdankt), während ihr der Körper schon lange den gewünschten Dienst versagt. Wer kürzlich den Filmbericht über die vierundachtzigjährige, im Nelly-Sachs-Haus in Düsseldorf lebende Dichterin sah, vergißt wohl kaum die Bilder des Leidens – und der Anstrengung, dem Widerstand der Zunge das Wort abzuringen.

Das ist nicht nur Legendenbotschaft, nicht nur Gespinst der dichterischen Phantasie. Hier geht Erinnerung hinter den Vater der Rose Ausländer zurück zu den Vätern, in die Geschichte ihres Volkes.«[165)]

»Die beiden Bände, die nun auch Prosaarbeiten Rose Ausländers vorstellen, erweisen aber zugleich, daß sie eine genuine Lyrikerin ist, daß dieser ›poetessa‹ die poetische Formel eigen ist, mit der sie Zauberisches auszusagen weiss: in der ihr eigenen Knappheit, der Schlichtheit und Schönheit ihrer Bilder.«[166)]

»Rose Ausländers Dichtungen sind weich und spröde in einem. So kurz, so lapidar, so einfach ihre Verse oft klingen, so kühn sind sie doch auch. Das liegt an dem überaus kunstvollen Ineinanderverwobensein von konkreter Anschauung und freier Phantasie, von Realem und Visionärem. Obgleich Rose Ausländers dichterisches Werk als unbedingte Aufforderung zur Mitmenschlichkeit, zum Wachhalten der Erinnerung an menschliche Erniedrigung und Entwürdigung zu verstehen ist, sind charakteristisch für ihre Dichtungen nicht die Antworten, die sie geben, sondern die Fragen, die sie stellen: ›Wann / ankert / ein Land / am Grund / unserer Angst‹; ›Wo sind die / Finger verstreut‹; ›ich komme / mit Dornenfragen ... mit Fragen aus Qualm / ... ich komme / zu wem / mit Fragen / warum wozu‹. Das Fragen ist der Äther, in dem allein eine humane Lebensform Bestand haben kann.«[167)]

Zu Lebzeiten Rose Ausländers folgen fünf weitere Bände. Staunend nehmen die Leser, nimmt die Kritik die Fülle des Lebenswerkes der Dichterin zur Kenntnis, sie wird geehrt und gefeiert. Aber sie läßt sich immer weniger davon erreichen, schottet sich ab, errichtet Mauern und Dämme.

11. Mai 1984

Ein Fernsehteam des SWF Baden-Baden kommt ins Nelly-Sachs-Haus, um einen Beitrag über Rose Ausländer zu drehen. Es war schwierig, sie zu überzeugen, daß dies sinnvoll sei. Sie empfängt diese Besucher unwirsch, fast feindselig, aber sie läßt sich filmen und fragen, ihre Antworten sind kurz, versiegen nach einiger Zeit ganz. Erschöpft lehnt sie sich ins Kissen und antwortet auf die letzte Frage: »Frau Ausländer, was erwarten sie noch vom Leben?« – »Ich erwarte nichts, aber ich lebe gern!«[168)]

22. Mai 1984

Der Bundespräsident Dr. Carl Carstens verleiht der Dichterin das Große Verdienstkreuz der Bundesrepublik Deutschland. Der Ministerpräsident des Landes NRW, Johannes Rau, sucht sie in ihrem Zimmer im Nelly-Sachs-Haus auf und überbringt ihr die Auszeichnung persönlich. Sicher keine Wiedergutmachung, aber ehrende Anerkennung und die Bitte um Verzeihen!

27. Juni 1984

1978 erhält Rose Ausländer die Ehrengabe des Kulturkreises im BDI, 1980 die Roswitha-Medaille der Stadt Bad Gandersheim, 1984 kommt der Literaturpreis der Bayerischen Akademie der Schönen Künste hinzu. In einer Feierstunde in München am 27. Juni 1984 übergibt der Präsident der Akademie, Heinz Friedrich, die Verleihungsurkunde stellvertretend an die Verlegerin Monika Schoeller. Der Text der Urkunde lautet: »Die Bayrische Akademie der Schönen Künste verleiht Rose Ausländer den Literaturpreis 1984. Rose Ausländer feiert in Gedichten von gedanklicher Präzision und sprachlicher Schönheit die verzweifelte Hoffnung auf das menschliche Wort.

Ungebrochen von der in jungen Jahren erlittenen Verfolgung, vom Schicksal der Wanderschaft durch die Alte und die Neue Welt, ist ihre Lyrik ein Lobpreis des Lebens, des Vertrauens in die Natur des Menschen, in das friedenstiftende Wort des Dichters. Dem mythischen Ursprung des Wortes, als dem Erkennungszeichen der Liebe zwischen den Menschen, ist sie zutiefst verbunden. Ihre Lyrik berichtet mit jedem Atemzug von jenem Adam, der erst begonnen hat ›da zu sein‹, als Eva aus seiner Seite sprang, ›um ihn zu lieben und sterblich zu machen‹. In den kurzen Zeilen der reimlosen Spätgedichte lebt nicht nur die amerikanische Moderne fort, in ihnen ist auch die Geschichte deutsch-jüdischer Literatur zwischen Traditionsanbindung und sprachlichem Experiment bewahrt, wie sie durch die Namen Else Lasker-Schüler, Nelly Sachs und Paul Celan repräsentiert ist.

Das Vaterland wurde Rose Ausländer früh genommen, sie aber lebt in ihrem ›Mutterland‹, dem Welten erschaffenden Wort.«[169)]

Rose Ausländer läßt ihre Dankesrede verlesen: »Sehr geehrte Damen und Herren, liebe Mitglieder der Akademie, als mich die Nachricht erreichte, die Bayerische Akademie der Schönen Künste habe mir ihren Literaturpreis für 1984 zuerkannt, war dies eine Überraschung und eine große Freude für mich – noch in der selben Stunde habe ich den Bruder in New York, die Pflegeschwester, die mich betreut und den Herausgeber meines Gesamtwerkes davon unterrichtet. Die Freude mußte sich Luft machen – ich habe nicht geglaubt, daß mir eine solche Auszeichnung noch einmal wichtig sein könnte.

Als ich mein erstes Gedicht schrieb, war ich siebzehn; ich lebte in Czernowitz, gedruckt wurde ein Gedicht von mir erstmals 1922, ich war 21 Jahre alt, in Minneapolis / St. Paul; ich war 38 und wieder in die Heimat zurückgekehrt, als mein erstes Buch erschien: ›Der Regenbogen‹. Die erste Kritik zu diesem Buch stand 1940 in einer Zeitung in Genf; meinen ersten Literaturpreis erhielt ich mit 56 in New York – meinen bisher letzten mit 83, bettlägerig im Nelly-Sachs-Haus in Düsseldorf – es muß nicht unbedingt der letzte bleiben, ich bin jetzt leicht zu finden, meinen Aufenthaltsort kann ich lebend nicht mehr ändern.

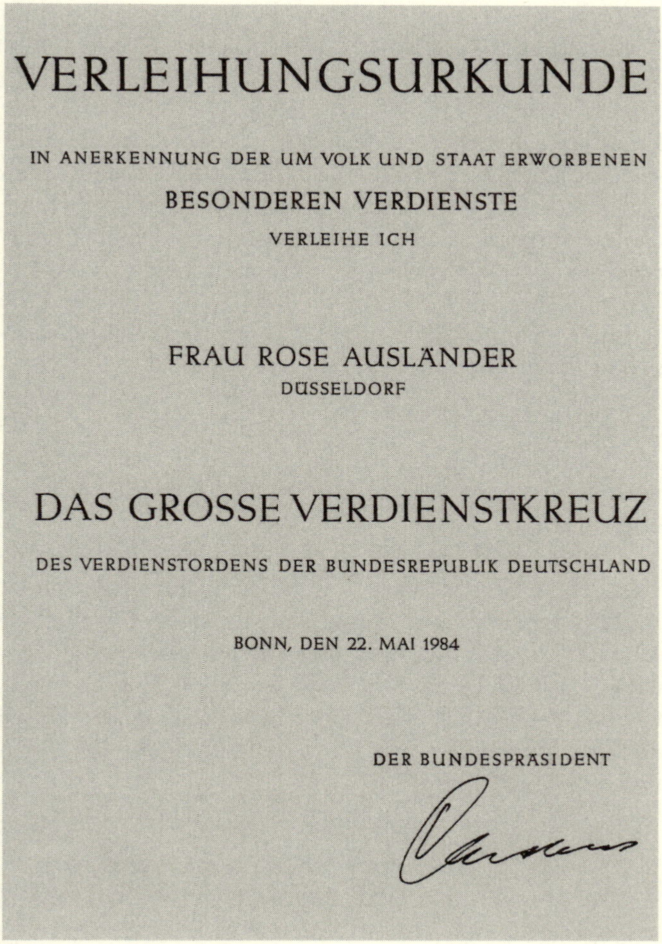

VERLEIHUNGSURKUNDE

IN ANERKENNUNG DER UM VOLK UND STAAT ERWORBENEN

BESONDEREN VERDIENSTE

VERLEIHE ICH

FRAU ROSE AUSLÄNDER

DÜSSELDORF

DAS GROSSE VERDIENSTKREUZ

DES VERDIENSTORDENS DER BUNDESREPUBLIK DEUTSCHLAND

BONN, DEN 22. MAI 1984

DER BUNDESPRÄSIDENT

Die Verleihungsurkunde für das Große Verdienstkreuz der Bundesrepublik Deutschland an die Poetin.

Zwischen 17 und 83 liegen die Meilensteine meines Dichterlebens: Gedichte, Bücher, Leser, Kritiken und Preise. Wieviele Gedichte? Der Herausgeber sagt ca. 2500; Bücher wurden es bisher fast dreißig. Die Zuschriften der Leser stapeln sich zu Tausenden, Antwort ist mir nicht mehr möglich, fast wöchentlich schickt der Verlag Kopien von Kritiken und da das Gedächtnis nachläßt – sehen Sie es einer vergeßlichen Frau nach – bekomme ich die Literaturpreise gar nicht mehr alle zusammen. Und was das Leben, die Jahre, die Gedichte, die Bücher, die Leser und die Kritiker nicht geschafft haben, das schaffen die Literaturpreise: Sie machen alt! Als die Preisvergabe durch die Medien bekannt wurde, habe ich mir die Kritiken und Würdigungen vorlesen lassen – Rose Ausländer ist die große *alte* Dame der deutschen Lyrik, habe ich erfahren. Nun, ich habe viel erlebt, manches ertragen, ich werde auch dies überstehen.

Heute, am 27. Juni, haben Sie sich in München versammelt, ein Quartett wird hoffentlich nicht ausgerechnet Brahms spielen, es ist warm und die steife Gesellschaft schwitzt vor sich hin, noch eine Festrede, noch eine Laudatio, noch ein Dank, mürrische Gesichter, höflicher Beifall. Wahrscheinlich wird es nicht so sein, und wäre es doch so, glauben Sie mir, ich wäre heute gerne bei Ihnen und ließe mich ehren.

Ihre Auszeichnung hat mich spät erreicht, nicht zu spät – ich danke Ihnen!«[170)]

2. Jahreshälfte 1984

Die Dichterin erreicht die totale Isolation. Nun läßt sie auch die Menschen nicht mehr zu sich, weist alle Besucher ab, verweigert auch den engsten Freunden den Zutritt. Deren Unverständnis nimmt sie zur Kenntnis, läßt sich davon aber nicht umstimmen.

Zugang hat noch das Pflegepersonal, die Privatschwester, für vier Wochen im Jahr ihr Bruder Max, wenn er aus New York zu Besuch kommt, und mich empfängt sie Freitag für Freitag immer ab 18 Uhr 45.

Der Rest an Kraft, der noch in ihr ist, muß auf ihr Werk konzentriert werden. Sie hat eine klare Vorstellung davon, was sie noch schreiben will, und so diktiert sie mir Verse und bearbeitet diese intensiv, wieder und wieder, Gedichte in kunstvoller Verknappung, eindringliche, bewegende Texte, die die Urmotive und Urworte der Poesie aufgreifen. Sie spricht von der Erde, der Luft, vom Feuer, der Mutter, dem Atem, von Sonne, Sternen und Mond, von Geburt, Liebe und Tod, von Zauber und Traum. Und sie gewinnt diesem Ursprünglichen neue, überraschende Facetten ab und schafft so ihr grandioses Alterswerk, unvergängliche Poesie.

Februar 1985

Ilse Aichinger fragt an, ob sie Rose Ausländer besuchen darf. Überraschend stimmt diese zu. Eine Stunde dauert der Besuch – das Gedichtbuch »verschenkter rat« bleibt als Erinnerung. Auf ihren Wunsch lese ich Rose Ausländer diese Gedichte vor, in einem Zug, sie unterbricht mich nicht und sagt: »Das sind sehr gute Gedichte«. Ein solches Lob bleibt einmalig.

Es ist der letzte Besuch, den die Dichterin empfangen hat, alle weiteren Anfragen und Bitten lehnt sie ohne Begründung ab.

14. Mai 1986

»Der Deutsche Verband Evangelischer Büchereien E.V. dankt Rose Ausländer mit der Verleihung seines Buchpreises 1986 für ihr Buch Mein Atem heißt jetzt, Frankfurt: S. Fischer Verlag 1981«.[171)]

Der Preisverleihung in einer beeindruckenden Feier in den Räumen der Evangelischen Landeskirche in Hannover-Herrenhausen – u. a. sprechen Dieter Wulf, Ingeborg Drewitz, Helmut Braun und Thomas Beckermann, liest Gisela Ratzun Gedichte der Preisträgerin und wird der Fernsehbeitrag des SWF von 1985 in einer Filmfassung vorgeführt – ging die bundesweite Wahl des preisgekrönten Buches durch die Leser der Evangelischen Büchereien voraus. Daß es die Leser waren, die sich für dieses Buch und sie als Preisträgerin entschieden, hat Rose Ausländer besonders gefreut; das Echo der Leser ist ihr immer ganz besonders wichtig als »der Sonnenschein in meinem Leben« oder der »Spiegel den wir brauchen.« Dieser letzte ihr in Deutschland verliehene Literaturpreis schließt einen Kreis. Auch der erste 1965 in Meersburg verliehene Preis für das »beste Gedicht« – »Schnee im Dezember« – beruhte auf der Wahl eines Publikums.

Juli 1986

Unmittelbar nachdem sie die Gedichte zu dem Buch »Ich spiele noch«[172)] geschrieben hat, folgt sie einer Bitte aus dem S. Fischer-Verlag und stellt 120 Texte für die Originaltaschenbuchausgabe »Der Traum hat / offene Augen«[173)] zusammen. In einem ungeheuren Kraftakt überarbeitet sie in nur einem Monat ältere Texte so, daß diese im direkten Zusammenhang mit den seit 1984 neu geschaffenen Texten stehen. Es ist »ein Akt ruhiger Raserei«, der in totaler Erschöpfung endet.

Ende Juli 1986

Rose Ausländer beendet ihr Schreiben, bewußt und gewollt. Sie erklärt: »Es ist genug«, sagt: »Es ist mir kein Bedürfnis mehr.«

»Schreiben war Leben. Überleben«, hat sie notiert. Das letzte von ihr neu geschriebene Gedicht setzt den Schlußpunkt: »Gib auf // der Traum / lebt / mein Leben / zu Ende.«[174)]

Von da an nimmt sie Abschied. Läßt sich nicht durch ihren Bruder beirren, der verzweifelt an ihren Lebenswillen appelliert. Bewußt hat sie gelebt, gelassen wartet sie nun auf das Ende.

Februar 1987

Der Band »Ich spiele noch« erscheint. Dieses Buch ist zweifelsohne eine Überraschung, nicht mehr erwartet präsentiert sich die Dichterin auf einem absoluten Höhepunkt ihrer Kunst. Sie legt ein Alterswerk vor, mit dem sie sich selbst übertrifft. Das Echo ist überwältigend.

»Ganz ausdrücklich versteht sich Rose Ausländer als Überlebende. Vermutlich gehört dazu die Erfahrung, daß Worte und poetische Fügungen einen Halt bieten, wo alles andere brüchig geworden ist. ›Ich Überlebende / des Grauens / schreibe aus Worten / Leben.‹ Mag das heute als ein zu hochgestimmtes, illusionäres Lyrikkonzept gelten, so müssen doch nicht die Bedingungen vergessen werden, wo das galt. (Auch etwas kabbalistische Mystik hat's darin.) Und den Glauben (den Christine Lavant so unvergleichlich beschwor), mit Gott im Worte handeln zu können. Mit Worten zu spielen, nimmt Rose Ausländer für ihre dichterische Arbeit in Anspruch, nicht mehr, nicht weniger. Es ist ein Spiel, das sich nicht vor ›Aus‹ und ›abseits‹ fürchtet, und das deshalb auch überzeugender anmutet als so mancher stets ›gekonnte‹ Lyrikton.«[175)]

»Die Texte kommen einem fast noch schlichter, noch knapper, noch unauffälliger vor als die früheren. Dabei weisen sie dieselbe altmodische Wortpalette auf und reden mit derselben Unbekümmertheit von Mond und Sonne, Sternen, Bäumen, Blumen, Nachtigallen und Tauben. Doch die Unbekümmertheit täuscht: die alten Worte werden in andere Zusammenhänge gestellt, einer hartnäckigen Optik ausgesetzt, aufgeladen, befragt, ins Gespräch gezogen und so lange umdirigiert, bis sie in der richtigen Reihenfolge stehen. Auch verweisen oft metasprachliche Signale auf den Bewußtseinshorizont dieser scheinbar so schlichten Lyrik. Die Gedichte deuten schonungslos auf die ›Papierpaläste‹ und ›Wortwälder‹ hin, die in den Versen ›gebaut‹ und ›gepflanzt‹ wurden, stellen die ›Augenblicksstimmungen‹ und ›Zufallsfarben‹ aus, beschreiben die Konflikte mit dem Leben, notieren ihr Versagen gegenüber der Vergangenheit (›Ich spreche / und sollte / Seher sein‹).

Diese Gedichte, so schlicht ihr Bindegewebe auch sein mag, arbeiten mit verschiedenen Spielarten, Rhythmen, Formen und Worttemperaturen. Neben biographischen Texten mit offenen, direkten Aussagen stehen Rollengedichte und didaktische Strophen oder Verse mit spielerischen und verdeckten Mitteilungen, gespickt mit Assonanzen und Alliterationen. Diese Arbeiten entwickeln in ihrer geradezu selbstverständlichen Luzidität eine unaufdringliche Magie.«[176)]

3. Januar 1988

Rose Ausländer stirbt in den frühen Morgenstunden im Nelly-Sachs-Haus in Düsseldorf. Drei Tage später wird sie auf dem Jüdischen Friedhof innerhalb des Nordfriedhofes der Stadt Düsseldorf beerdigt. Max Scherzer, ihr Bruder, spricht für sie das Kaddisch.

4. Januar 1988

Ab diesem Tage beginnen die Nachrufe in den Medien: »Gestorben ist ... die sicher wichtigste Lyrikerin dieses Jahrhunderts« (WDR, Köln); »Obhut hat Rose Ausländer allein in der Sprache gefunden, die ihr zur Magie und Legitimation der eigenen Existenz geriet. ... An eines allerdings hat sie felsenfest geglaubt: daß ihre (letzte und einzige mögliche) Heimat, die Sprache, bleiben wird; daß sie von niemanden zerstört werden kann« (Stuttgarter Zeitung); »Sie schrieb, um das, was ihr und ihren Gefährten und ihrem Volk widerfuhr, überstehen zu können. ›Schreiben war Leben‹, notierte sie. Schreiben und Leben im Kellerversteck, im Exil; schließlich in der Isolation des Kranken- und Sterbezimmers im Altenheim. Kein Wunder, daß die Verzweiflung umschlagen mußte in Hoffnung, in Menschen- und Friedensliebe; in den Glauben auch, ihr Schreiben erfülle einen Sinn und ihre Gedichte könnten sie überleben« (Frankfurter Allgemeine Zeitung); »›Steh auf / aus dem Staub / wirf dein Gewicht / in die Wolken‹. So hat Rose Ausländer Abgründe des Lebens mit dem Bild der Schwerelosigkeit überbrückt, das wohl auch schon vom Tod sprach, der den Schrecken, der ihr jenseits der ›Poesie, die das Märchen vom Menschen / spinnt‹ begegnete, beendet.« (Wiesbadener Kurier); »Als sie ein Kind war, regierte noch der Kaiser im fernen Wien, und ihr Vater war einer der Beamten dieses damals noch so friedlichen Imperiums. Rose Ausländer hat diesen idyllischen Frieden in ihrer Heimat, der Bukowina, nie vergessen, nie das Völkergemisch aus Deutschen, Polen, Russen, Juden, Rumänien, nie die ländliche Idylle des kleinen

Städtchens Czernowitz, das später für sie zur Hölle wurde. Die Erinnerung an diese paradiesische Kindheit gab ihr die Kraft, auf einem beispiellosen Leidensweg auszuharren, der jetzt mit dem Tode endete.« (Neue Ruhr Zeitung); »Sie war ein Kind der Bukowina, jenes österreichisch-ungarischen Landstrichs, der so viele Vertreter des künstlerischen Lebens hervorbrachte. Rose Ausländer, in Czernowitz, der heutigen Ukraine geboren, gilt als eine der bedeutendsten Lyrikerinnen, deren Leben immer von Verfolgung und Emigration überschattet war.« ... »Rose Ausländer hat sich dem Literaturbetrieb stets verweigert. Ihre Stimme erklang ausschließlich in der Eindringlichkeit ihrer Gedichte ... Erstaunlich, wie diese alte zerbrechliche Frau die Leidensstationen ihres Lebens ins poetische Bild brachte, wie sie – seit Jahren ans Bett gefesselt – mit ihren Gedichten dem Tode trotzte. Rose Ausländer, deren lyrisches Werk längst zum ›Klassischen Fundus‹ der deutschen Nachkriegsliteratur gehört, ist am Sonntag im Alter von 86 Jahren im Nelly-Sachs-Haus, einem jüdischen Altersheim in Düsseldorf, gestorben.« (tz München); »Ihre psychozentrische, magisch beschwörende Sprache spricht Gedichte zum Atmen als ›Wege ins Wunder‹. Was kann eine arme Dichterin, eine kranke, alternde Frau? Ihre Antwort: ›Mit winzigen Wörtern / werben / um Friede und Liebe.‹ Die letzte jüdische Psalmistin deutscher Zunge ist gestorben. Nicht nur wir, gewiß auch die drüben Angerufenen haben ihr beschwörend bittendes ›Rette mich‹ gehört.« (Süddeutsche Zeitung); »Sie werde nicht müde zu sterben, hat Rose Ausländer 1981 geschrieben. Nun ist sie es müde geworden. Am 3. Januar ist sie gestorben, 1901 geboren, hatte sie beinahe das Alter des Jahrhunderts. Dieses Jahrhundert hat die deutschsprachige Jüdin aus Czernowitz in der Bukowina in ihren Gedichten bezeugt und mit ihrem Leben – so wie sie es zu leben hatte – bezahlt. ... So ist sie – selber ›keine Sekunde unversehrt‹ – zur Dichterin des Verlierens, aber auch des Verlorenen geworden. Die

Das Grab der Rose Ausländer – schwarze Granitplatte, schwarze Granitstele, wie von ihr im Testament verfügt – auf dem Jüdischen Friedhof im Nordfriedhof der Stadt Düsseldorf

Jetztzeit wurde ihr zunehmend ein ›unverlässliches Märchen‹. Im Exil, inmitten einer anderen Sprache, später lange Jahre bettlägerig im Düsseldorfer Pflegeheim, wohnte und schrieb sie zusammen mit den Toten: ›Die Vergangenheit hat mich gedichtet.‹ ... Der schonungslose härtere Klang hatte die Texte der 86jährigen nochmals verändert, ihnen kantigere Kontur verliehen. Was ihr in den Jahren zuvor in widerstandslosen Lyrismen gelegentlich zu entgleiten drohte, nahm sie in einer erbarmungslosen gebändigten Aussage neu in den Griff. Was sich als dichterischer Aufbruch lesen liess, war vielleicht schon als Abschied gedacht.« (Neue Zürcher Zeitung); »Die 17 letzten Jahre ihres Lebens verbrachte Rose Ausländer im 16 Quadratmeter grossen Zimmer des Altersheimes und war umgeben von Erinnerungen an den Krieg, an die Keller des Ghettos, an Verfolgung, Auswandern, Heimatlosigkeit, Angst. Nur das Wort war Zuflucht.

Mit ihrem Tod ist eine grosse Stimme unserer Zeit verstummt.« (Walliser Bote)[177)]

Februar 1990

Der abschließende achte Band der Gesammelten Werke, »Jeder Tropfen ein Tag«,[178)] erscheint. Ein beispielloses lyrisches Werk liegt damit nachvollziehbar vor.

Anhang

Anmerkungen

Nachlaß RA.
Der Nachlaß Rose Ausländers befindet sich im Heinrich-Heine-Institut in Düsseldorf. Die benannten Dokumente können dort eingesehen werden.

Nachlaß Max Scherzer.
Der Nachlaß Max Scherzers wurde im Oktober 1997 in New York vom Autor eingesehen. Alle Rose Ausländer betreffenden Dokumente wurden entnommen und befinden sich im Bestand der Rose Ausländer-Stiftung in Köln.

Bestand RAS.
Alle mit »Bestand RAS« bezeichneten Dokumente befinden sich bei der Rose Ausländer-Stiftung in Köln und können dort eingesehen werden.

Die Zitate aus dem Werk Rose Ausländers folgen der sechzehnbändigen Gesamtwerkausgabe (GW) im Fischer Taschenbuch Verlag, Frankfurt/Main.

1. »Warum ich schreibe« (Auszug) in: Motive, Hg. Richard Salis, Freiburg 1971.
2. »Notizen zur Situation des alternden Künstlers« (Auszug) in: Rose Ausländer – Materialien zu Leben und Werk, Hg. Helmut Braun, Frankfurt/Main 1997.
3. Brief an Alfred Kittner vom 28. 5. 1976. Nachlaß RA.
4. »Erfahrung III«, GW, Bd. 9, S. 138.
5. »Der Vater«, GW, Bd. 5, S. 98.
6. Im Nachlaß RAS liegen fast 1000 Zettel mit stenographischen Notizen vor. Die schwierige Übertragung in Langschrift hat begonnen.
7. »Erinnerungen an eine Stadt« (Ausz.). Siehe Anm. 2.)
8. Siehe Anm. 1.)
9. Aus der Tonaufnahme eines Gespräches mit Alfred Kittner/Edith Silbermann/Gabriele Köhl und Helmut Braun vom 21. 4. 1988.
10. Rottner, Eli: »Das Ethische Seminar in Czernowitz« Dortmund 1973.
11. Im Nachlaß RA sind Kopien von 10 Briefen Brunners an Rose Ausländer vorhanden. Die Originale befinden sich im Leo-Baeck-Institut in New York.

12. Dieser Brief existiert nicht mehr im Original. Eine von RA 1945 angefertigte Abschrift ist in einem Notizbuch erhalten. Nachlaß RA.
13. »Zur Spinoza Festschrift« in: Czernowitzer Morgenblatt, Czernowitz, 6. Februar 1934, in GW, Bd. 15, S. 130.
14. »Zum 28. August 1943« Originalmanuskript aus dem Nachlaß RA. Erstgedruckt in GW, Bd. 15, S. 88.
15. »Phaidros«. Siehe Anm. 2.)
16. Briefkarte von Lothar Bickel an RA. Nachlaß RA.
17. »Amor Dei«, GW, Bd. 2, S. 7.
18. Brief von Max Scherzer an Helmut Braun vom 18. 2. 1982. Bestand RAS.
19. »Die Stunde nach der Sklaverei«, GW, Bd. 1, S. 17.
20. »Winona, Minnesota (USA)«, GW, Bd. 10, S. 89.
21. Der »Amerika-Herold-Kalender« ist in der Universität in Minneapolis/St. Paul archiviert. Der Zustand der Hefte ist so schlecht, daß sie nicht mikroverfilmt wurden und nicht fotokopiert werden dürfen. Auch eine Fernausleihe ist nicht möglich. Lediglich aus dem Heft des Jahrganges 1927 liegen 2 Texte von RA in Fotokopie vor. Bestand RAS.
22. »Bankfabrik«, GW, Bd. 1, S. 11.
23. »Die große stolze, grellgeputzte Stadt«, GW, Bd. 1, S. 14.
24. »Der Feierabend«, GW, Bd. 1, S. 13.
25. Margul-Sperber, Alfred: »Der unsichtbare Chor« Artikel in 7 Folgen im Czernowitzer Morgenblatt. Das Zitat findet sich in der 7. Folge vom 4. 8. 1928. Bestand RAS.
26. »Die Welt. Moderne illustrierte Wochenzeitschrift für das deutsche Volk« Jg. 1913–1933. Im Bestand der Deutschen Bibliothek in Leipzig.
27. Zitiert aus dem Protokoll eines Gesprächs mit Emanuel Hacken vom 10. Oktober 1992. Bestand RAS.
28. Sechs Briefe von Lotte Brunner an Rose Ausländer sind in Kopie im Nachlaß RA vorhanden. Die Originale befinden sich im Leo-Baeck-Institut in New York.
29. GW, Bd. 1, S. 9–23 und GW, Bd. 2, S. 28.
30. Die New Yorker Volkszeitung, das Sonntagsblatt der New Yorker Volkszeitung und der Vorwärts sind in der Friedrich-Ebert-Stiftung in Bonn-Bad Godesberg archiviert. Zur Zeit sind Texte von RA in folgenden Ausgaben nachgewiesen: New Yorker Volkszeitung vom 22.11.1929, 29.1.1930, 5.5.1930, 24.5.1930, 7.6.1930; Sonntagsblatt der New Yorker Volkszeitung vom 29.12.1929, 5.1.1930, 12.1.1930, 26.1.1930, 16.2.1930, 2.3.1930, 6.4.1930, 11.5.1930; Vorwärts vom 4.1.1930, 1.2.1930,

22.2.1930, 8.3.1930, 17.5.1930, 31.5.1930. Kopien im Bestand RAS.
31. Zitiert aus dem Urteil vom 8. Mai 1930. Original und dt. Abschrift im Bestand RAS (Nachlaß Max Scherzer).
32. Siehe Anm. 10.)
33. Siehe Anm. 7.)
34. GW, Bd. 1, S. 90.
35. Drei dieser Artikel befinden sich im Bestand RAS.
36. »Ehefragen«. Nachgedruckt in GW., Bd. 15, S. 116.
37. Vermutlich handelt es sich um die Prager Zeitschrift Selbstwehr. In einem Almanach dieser Zeitschrift hat RA auch Gedichte veröffentlicht.
38. Bestand RAS (Nachlaß Max Scherzer).
39. Der Originalbrief befindet sich im Nachlaß RA.
40. Zum Beispiel: GW, Bd. 11, S. 23; GW, Bd. 14, S. 91; GW, Bd. 13, S. 182; GW, Bd. 13, S. 196; GW, Bd. 13, S. 223, GW, Bd. 10, S. 50; GW Bd. 13, S. 230.
41. Margul-Sperber, Alfred: »Geheimnis der Landschaft«, Czernowitz 1935.
42. Der Originalbrief RA an Margul-Sperber befindet sich im Literaturmuseum in Bukarest. Kopie im Bestand RAS.
43. In der Zeitschrift »Neue Literatur« Nr. 9 und 10, Bukarest 1988 wurden alle im Literaturmuseum Bukarest vorhandenen Briefe von RA an Margul-Sperber (mit Kommentaren u.a. von George Gutu) veröffentlicht. Kopien im Bestand RAS.
44. Brief von RA an Margul-Sperber vom 19.8.1939. Siehe Anm. 42.)
45. »Der Regenbogen« Artikel von Martha Kern in: Czernowitzer Allgemeine Zeitung vom 20.4.1940. Der Artikel (Ausriß) ist im Original im Nachlaß RA vorhanden.
46. Brief von Katharina Kippenberg aus dem Insel-Verlag, Leipzig, vom 28.3.1940. Original im Nachlaß RA.
47. Brief von RA an Barbara Wiedemann vom 8.6.1975. Durchschlag im Nachlaß RA.
48. Das Original des Briefes von Hausmann ist verloren gegangen. Zitiert nach einer Abschrift aus dem Jahre 1945 in einem Notizbuch von RA. Nachlaß RA.
49. Zitiert nach dem Originalmanuskript. Nachlaß RA.
50. Zitiert nach einer Fotokopie des Briefes. Nachlaß RA.
51. Im Band »Blinder Sommer« sind folgende überarbeitete Gedichte aus dem Zyklus »Ghettomotive« veröffentlicht: »Blinder Sommer, Unterirdisch, Das erste Erbe, Nach dem Karneval«. Den Gedichten »Bis an den Nagelmond« und »Wir

überstehn« aus dem Band »36 Gerechte« liegen Fassungen aus dem Zyklus »Ghettomotive« zugrunde.

52. Auszug aus »Alles kann Motiv sein«. Siehe Anm. 2.)
53. Zitiert nach: Martin, Uwe »Bruchstücke« in: Neue Literatur 4/1981, Bukarest.Im Nachlaß RA befinden sich zwei Briefe von Ewald Ruprecht Korn und ein Brief von Hanna Kawa an RA.
54. Zitiert aus dem Manuskript »Erinnerungen an Rose Ausländer« von Edith Silbermann. Bestand RAS.
55. Axmann, Elisabeth: »Nachwort«, GW, Bd. 12, S. 179.
56. Die Originale befinden sich im Bestand RAS.
57. »Für P.A.«, GW, Bd. 2, S. 101.
58. Zitiert aus dem Originalmanuskript von Alfred Margul-Sperber. Nachlaß RA. Siehe Anm. 3.)
59. Siehe Anm. 54.)
60. Zitiert nach einer Fotokopie des Briefes. Nachlaß RA.
61. Die Arbeitszeugnisse befinden sich im Bestand RAS (Nachlaß Max Scherzer).
62. Der Brief von Itzik Manger und ein Durchschlag des Antwortbriefes von RA befinden sich im Nachlaß RA.
63. Siehe die weitere Briefe von RA an Manger im Nachlaß RA.
64. »Where Shall We Start«, GW, Bd. 3, S. 205.
65. Die englischen Gedichte von RA liegen in GW, Bd. 3, gedruckt vor, ein Teil der Übersetzungen in GW, Bd. 16. Die Morgenstern-Übersetzungen sind noch unveröffentlicht. Manuskripte im Nachlaß RA und Bestand RAS (Nachlaß Max Scherzer).
66. Siehe Anm. 2.)
67. Zitiert nach dem unveröffentlichten Manuskript. Nachlaß RA.
68. Siehe Anm. 65.)
69. Die Mehrzahl der New York-Gedichte befindet sich in GW, Bd. 5.
70. Die handschriftliche Auszeichnung durch Marianne Moore befindet sich im Nachlaß RA.
71. »Die nach Osten träumen«, GW, Bd. 4, S. 11.
72. »Das Spital«, Aufbau, N.Y. vom 31.5.1957, »Die Zigarette«, Aufbau, N.Y. vom 26.7.1957, »Damit kein Licht uns liebe«, Aufbau, N.Y. vom 18.10.1957.
73. Siehe Anm. 67.)
74. Brief von Mimi Grossberg an Helmut Braun vom 24.7.1982. Bestand RAS.
75. Brief von Michael Ende an Helmut Braun vom 24.11.1994. Bestand RAS.
76. Die zitierten Italiengedichte finden sich in GW, Bd. 5, S. 70/71 und Bd. 11, S. 51/116.

77. Zitiert nach einer Fotokopie des Briefes von RA an Mimi Grossberg. Bestand RAS.
78. »Blinder Sommer, Ruf und Kristall, Das unhörbare Herz, Immer Atlantis, Die Tür«, Erstdruck in Blinder Sommer, Wien 1965. »Im Osten des Herzens« Erstdruck in Akzente Nr. 1, München 1959. Alle in GW, Bd. 5.
79. Das Buch mit dem Zitat befindet sich im Nachlaß RA.
80. Zitat nach dem Durchschlag des Briefes. Nachlaß RA. Der Originalbrief ist im Celan-Nachlaß im Dt. Literatur-Archiv in Marbach vorhanden.
81. Zitiert nach dem Originalbrief. Nachlaß RA.
82. Zitiert nach dem Manuskript im Nachlaß RA. Interviewfassung GW, Bd. 15, S. 151–163. Von der Radiosendung sind auch eine Band- und eine Schallplattenaufnahme vorhanden. Bestand RAS (Nachlaß Max Scherzer).
83. Zitiert nach einem Durchschlag des Briefes. Nachlaß RA.
84. »Nachher«, GW, Bd. 14, S. 155.
85. Zitiert aus noch unveröffentlichtem Bild/Tonmaterial zu einem Dokumentarfilm über RA. Material im Medienzentrum Rheinland in Düsseldorf.
86. Zitiert nach dem Originalbrief. Nachlaß RA.
87. »Jerusalem«, GW, Bd. 7, S. 69. »Israel II«, GW, Bd. 6, S. 122.
88. Siehe Anm. 54.)
89. »Im Wiener Stadtpark«, GW, Bd. 9, S. 128.
90. Siehe Anm. 54.)
91. Felmayer, Rudolf: »Der Spielzeughändler aus dem Osten«, Neue Gedichte, Bergland Verlag, Wien 1959. Nachlaß RA.
92. Gunert, Herma: »Amor, schöner Engel«, Erwin-Müller-Verlag, Wien 1945. Nachlaß RA.
93. Zitiert nach dem Originalbrief. Nachlaß RA.
94. Zitiert nach dem Originalbrief. Brief und Buch im Nachlaß RA.
95. Zitiert nach einem Durchschlag des Briefes von RA an Jokostra. Nachlaß RA. Der gesamte Briefwechsel Ausländer/Jokostra befindet sich in Kopie im Bestand RAS. Ein Teil der Briefkopien von Briefen von RA wurden aus dem Dt. Literaturarchiv in Marbach zur Verfügung gestellt. Die Herausgabe des Briefwechsels ist für die Schriftenreihe der RAS in Vorbereitung.
96. »Venedig II«, GW, Bd. 10, S. 88.
97. Zitiert nach dem Originalbrief. Nachlaß RA. Der Briefwechsel Rose Ausländer/Ursula Ratjen/Wolfgang Ratjen liegt als Band 8 der Schriftenreihe der RAS vor. Ausländer/Ratjen: »Meine liebe Frau Ratjen«, Briefwechsel, Köln 1997.
98. Text aus »Meine liebe Frau Ratjen«. Siehe Anm. 97.)
99. »Schnee im Dezember«, GW, Bd. 5, S. 167.

100. Zitiert nach dem Originalbrief. Nachlaß RA.
101. Ausländer, Rose: »Der Fluch II«, Erzählung, WDR – Köln, Sendung am 27.3.1967. GW, Bd. 15, S. 37.
102. Zitiert nach dem Durchschlag des Originalbriefes. Nachlaß RA.
103. Zitiert nach dem Originalbrief. Nachlaß RA.
104. Alle in GW, Bd. 15.
105. Ausländer, Rose: »36 Gerechte«, Gedichte, Hamburg 1967. GW, Bd. 5, S. 135–183.
106. Hacken, Vera: »Erinnerungen an Eliser Steinbarg«, Tel Aviv 1967 (Jiddische Ausgabe). Bestand RAS.
107. GW, Bd. 15, S. 125ff.
108. Die Bücher der goldenen Pawe: Bd. 1: Mendele Mojcher Sforim »Die Mähre«; Bd. 2: Scholem Alejchem »Das bessere Jenseits«; Bd. 3: Isaac Leib Perez »Die Seelenwanderung einer Melodie«; Bd. 4: Schalom Asch »Mottke der Dieb«; Bd. 5: Josef Opatoschu »Barkochba«; Bd. 6: David Bergelson »Das Ende vom Lied«, Stuttgart 1984–1986.
109. Zitiert nach dem Originalbrief. Nachlaß RA.
110. »Mutterland«, GW, Bd. 8, S. 94. »Mutter Sprache«, GW, Bd. 6, S. 12. »Biographische Notiz«, GW, Bd. 7, S. 204.
111. »Meine Nachtigall«, GW, Bd. 5, S. 97.
112. Zitiert nach der Verleihungsurkunde. Nachlaß RA.
113. Jost, Dominik: »Deutsche Lyrik 1966/67«, in: St. Galler Tagblatt, St. Gallen, 4.6.1967.
114. Zitiert nach dem handschriftlichen Eintrag in »TUKAN – DER MUSENVOGEL – 30 JAHRE TUKANKREIS«, Festschrift zum Jubiläum, München 1960. Nachlaß RA.
115. Zitiert aus einem Brief an Ursula Ratjen. Siehe Anm. 97.)
116. »Niagara Falls II«, GW, Bd. 12, S. 114 »Winona, Minesota (USA)«, GW, Bd. 10, S. 89.
117. »Tübingen«, GW, Bd. 7, S. 72.
118. Siehe Anm. 97.)
119. »Heimatlos«, GW, Bd. 12, S. 110.
120. Ausländer, Rose: »Alles kann Motiv sein«, in: Motive. Warum ich schreibe. Tübingen 1971, GW, Bd. 7, S. 72.
121. Zitiert nach dem Durchschlag des Originalbriefes. Nachlaß RA.
122. Siehe Anm. 120.)
123. Zitiert nach der Originaleinladung. Nachlaß RA.
124. »Confrontation – Jazz und Lyrik«, Livemitschnitt der Veranstaltung in der Auferstehungskirche in Düsseldorf – Oberkassel, Schallplatte, ASSO – Verlag, Oberhausen 1971.
125. Siehe Anm. 97.)
126. Siehe Anm. 97.)
127. Siehe Anm. 97.)

128. »Paul Celans Grab«, GW, Bd. 6, S. 120.
129. Zitiert nach dem unveröffentlichten Manuskript. Nachlaß RA.
130. Siehe Anm. 2.)
131. Zitiert nach dem Originalbrief. Nachlaß RA.
132. Zitiert nach dem Originalbrief. Nachlaß RA.
133. Ausländer, Rose: »Andere Zeichen«, Gedichte, Düsseldorf 1975. GW, Bd. 6, S. 79–141. Ausländer, Rose: »Ohne Visum«, Gedichte Krefeld 1974. GW, Bd. 6, S. 23–77.
134. Ausländer, Rose: »Gesammelte Gedichte«, Gedichte, Köln ³1977. Darin 100 »Unveröffentlichte Gedichte«, GW, Bd. 7, S. 7–103.
135. Ausländer, Rose: »Noch ist Raum«, Gedichte, Duisburg 1976. GW, Bd. 7, S. 107–215.
136. Bender, Hans: »Immer zurück zum Pruth«, in Süddeutsche Zeitung, München vom 1. 11. 76. Bestand RAS.
137. Ausländer, Rose: »Doppelspiel«, Gedichte, Köln 1977. GW, Bd. 8, S. 17–82. Ausländer, Rose: »Mutterland«, Gedichte, Köln 1978. GW, Bd. 8, S. 89–153. Ausländer, Rose: »Es bleibt noch viel zu sagen«, Gedichte, Schallplatten, Köln 1978.- Gedichtauswahl – Ausländer, Rose: »Aschensommer«, Gedichte, München 1978. – Gedichtauswahl – Ausländer, Rose: »Selected Poems«, Gedichte deutsch / englisch, Übersetzung von Ewald Osers, Magazin Editions, London 1977. – Gedichtauswahl –
138. Siehe Anm. 97.)
139. »Auf den Besuch von Peter Huchel«, GW, Bd. 8, S. 119.
140. Seydel, Heinz (Hg.) »Welch Wort in die Kälte gerufen«, Die Judenverfolgung des Dritten Reiches im deutschen Gedicht, Berlin (DDR) 1968. Nachlaß RA.
141. Ausländer, Rose: »Sieben neue Tage«, Gedichte und Prosa, Ev. Verlagsanstalt, Berlin 1990. Werksauswahl.
142. Margul-Sperber, Alfred: »Geheimnis und Verzicht«, Hg. Alfred Kittner, Werksauswahl, Bukarest 1967. Nachlaß RA.
143. Zitiert nach einem Durchschlag des Originalbriefes. Nachlaß RA.
144. Zitiert nach einem Durchschlag des Originalbriefes. Nachlaß RA.
145. Siehe Anm. 1.)
146. Brandt, Sabine: »Wohnen im Wort – dreihundert Seiten Gottesdienst«, in: FAZ, Frankfurt am Main, 10. 11. 1995. Bestand RAS.
147. Serke, Jürgen: »Frauen schreiben«, Portraits, Hamburg 1977. Nachlaß RA.

148. Kruse, Joseph A.: »Rose Ausländer«, in: Rose Ausländer – Eine Ausstellung im Heinrich-Heine Institut, Düsseldorf 1977, S. 5–7. Nachlaß RA.
149. »Hoffnung II«, GW, Bd. 8, S. 20.
150. Schaumann, Lore: »Ein Forum für Rose Ausländer«, in: Rheinische Post, Düsseldorf, 24. 6. 1977. Bestand RAS.
151. Siehe Anm. 150.)
152. »Privacy«, GW, Bd. 15, S. 28.
153. Ausländer, Rose: »Mein Atem heißt jetzt«, Gedichte, Frankfurt/Main 1981, GW, Bd. 10, S. 69–187. Ausländer, Rose: »Im Atemhaus wohnen«, Gedichte, Frankfurt/Main 1981 (Auswahl)
154. Kurz, Paul Konrad: »Ortlos – im Wort«, in: Süddeutsche Zeitung, München, 24. 12. 1981. Bestand RAS.
155. Wallmann, Jürgen P.: »Lichtblumen und Trauerblätter«, in: Rheinischer Merkur, Koblenz, 3. 4. 1981. Bestand RAS.
156. Hartung, Harald: »Im Königreich der Luft«, in: FAZ, Frankfurt/Main, 18. 4. 1981. Bestand RAS.
157. Krätli, Anton: »Traurig und seelig im Zeitnichts«, in: Neue Zürcher Zeitung, Zürich, 25. 4. 1981. Bestand RAS.
158. Ausländer, Rose: »Mein Venedig versinkt nicht«, Gedichte, Frankfurt/Main 1982, GW, Bd. 11, S. 33–153. Ausländer, Rose: »Mutterland/Einverständnis«, Gedichte, Frankfurt/Main 1982, GW, Bd. 8, S. 89–153 und Bd. 10, S. 9 – 57. Ausländer, Rose: »Ich zähl die Sterne/meiner Worte«, Gedichte, Frankfurt/Main 1985, GW, Bd. 12, S. 105–177. Ausländer, Rose: »Blinder Sommer«, Gedichte, Frankfurt/Main 1987, GW, Bd. 5, S. 15–119. Ausländer, Rose: »Der Traum hat offene Augen«, Gedichte, Frankfurt/Main 1987. GW, Bd. 13, S. 9–128. Ausländer, Rose: »Einst war ich Scheherazade«, Gedichte, Frankfurt/Main 1988. – Gedichtauswahl –.
159. Siehe Anm. 158), 3. Band.
160. Ausländer, Rose: »Im Aschenregen/die Spur deines Namens«, Gedichte, Frankfurt/Main 1984. – Gesammelte Werke –. Ausländer, Rose: »Hügel/aus Äther/unwiderruflich«, Gedichte, Frankfurt/Main 1984. – Gesammelte Werke –.
161. Kurz, Paul Konrad: »Mit meinem verwundeten Wort«, in: Süddeutsche Zeitung, München, 26. 6. 1984. Bestand RAS.
162. Eichmann-Leutenegger, Beatrice: »Im Dialog mit der reisenden Zeit«, in: Neue Zürcher Zeitung, Zürich, 22. 5. 1984. Bestand RAS.
163. Hinck, Walter: »Und Meer und Sterne«, in: FAZ, Frankfurt/Main, 08. 10. 1985. Bestand RAS.

164. Mennemeier, Franz Norbert: »Phantasie und Enthusiasmus«, in: Neues Rheinland, Köln, Juni 1985. Bestand RAS.
165. Hinck, Walter: »Die Neonaugen des Broadway«, in: FAZ, Frankfurt / Main, 6. 4. 1985. Bestand RAS.
166. Eichmann – Leutenegger, Beatrice: »Mit allen Worten die Sprache des Geistes suchen«, in: Neue Zürcher Zeitung, Zürich, 2. 11. 1984. Bestand RAS.
167. Wiggershaus, Renate: »Rose Ausländer«, in: Hessischer Rundfunk, Frankfurt / Main, 18. 6. 1984. Bestand RAS.
168. SWF-Baden-Baden, Literaturmagazin vom 11. 5. 85. Videoaufzeichnung im Bestand RAS.
169. Zitiert nach der Verleihungsurkunde. Nachlaß RA.
170. »Dankesrede zur Verleihung des Literaturpreises der Bayerischen Akademie der Schöne Künste«. GW, Bd. 15, S. 147.
171. Zitiert nach der Verleihungsurkunde. Nachlaß RA.
172. Ausländer, Rose: »Ich spiele noch«, Gedichte, Frankfurt / Main 1987. GW, Bd. 13, S. 131 – 250.
173. Siehe Anm. 158), 5. Band.
174. »Gib auf«, GW, Bd. 13, S. 250.
175. v. Bormann, Alexander: »Tradition und Lakonik«, in: Frankfurter Rundschau, Frankfurt / Main, 4. 8. 1987. Bestand RAS.
176. Hinck, Walter: »Ich spiele noch«, in: Zeitschrift des Landesverbandes der Isrealitischen Kultusgemeinden in Bayern, München, Februar / März 1987. Bestand RAS.
177. Alle Artikel nach denen zitiert ist befinden sich im Bestand RAS.
178. Ausländer, Rose: »Jeder Tropfen ein Tag«, Gedichte und Register, Frankfurt / Main 1990. – Gesammelte Werke –

Personenregister

Zeittafel Rose Ausländer

1901

Die Jüdin Rosalie Beatrice »Ruth« Scherzer wird am 11. Mai in Czernowitz / Bukowina (Österreich) geboren. Ihr Geburtshaus stand in der Morariugasse Nr. 5. Der Vater – Sigmund Scherzer – wurde am Hof des Wunderrabbi von Sadagora erzogen und ausgebildet. Noch als junger Mann sagte er sich vom orthodoxen Judentum los und lebte seitdem als Kaufmann in Czernowitz. Die Mutter – Kathie Scherzer, geb. Binder – kam mit ihrer Familie aus Berlin. Die beiden heirateten im Jahre 1898. Ihr erstes Kind, ein Sohn, starb im Alter von einem Jahr. Der jüngere Bruder Max wurde 1906 geboren.

1907–1919

Schulbesuch. Volksschule, Mittelschule Czernowitz, Handelsschule Wien.

1916–1918

Kriegsbedingter Aufenthalt in Wien. Mit Kriegsende fällt die Bukowina an Rumänien.

1919

Seit 1919 intensive Beschäftigung mit der Philosophie (Platon, Spinoza, Constantin Brunner) Mitglied im ethischen Seminar in Czernowitz. Brunner bestimmt ihre Weltsicht entscheidend. Seine Lehren geben ihr das theoretische Fundament ihrer Gedichte.

1919 / 1920

Gaststudium der Literatur und der Philosophie an der Universität Czernowitz.

1920

Der Vater stirbt. Die Mutter kann die Familie nicht ernähren. Sie bestimmt, daß Rose in die USA auswandert. Rose empfindet dies als ein Verstoßenwerden. Sie reagiert mit Beschwörungen ihrer Liebe zur Mutter in vielen Gedichten. Der Studienfreund Ignaz Ausländer schließt sich der Auswanderung an.

1921 / 1922

Aufenthalt in Minneapolis / St. Paul und Winona. Hilfsredakteurin der Zeitschrift Westlicher Herold und Redakteurin der Kalenderanthologie America Herold (bis 1927). Hier publiziert sie ihre ersten Gedichte.

1922

Ende des Jahres Übersiedlung nach New York.

1923

Bankangestellte in der Bowery Savings Bank im alten Judenviertel, angrenzend an Chinatown. Am 19. Oktober Heirat mit

Ignaz Ausländer. Gründungsmitglied des Constantin-Brunner-Kreises in New York.

1926

Erhalt der Staatsbürgerschaft der USA.

Ende 1926

Besuch bei der Familie und Freunden in Czernowitz. Sie verliebt sich in den 14 Jahre älteren Graphologen Helios Hecht. Trennung von Ignaz Ausländer, der allein nach New York zurückreist.

1927

Einmonatiger Besuch bei Constantin Brunner in Berlin.

1928

Pflege der erkrankten Mutter in Czernowitz.

Ende 1928

Rückreise nach New York gemeinsam mit Helios Hecht. Die Reise dient der Scheidung von Ignaz Ausländer. Sie muß sich dort scheiden lassen, wo sie geheiratet hat.

1930

Am 8. Mai Scheidung von Ignaz Ausländer. Sie publiziert Gedichte und Feuilletons in der deutschsprachigen New Yorker Volkszeitung und im Vorwärts New York. Erstmals erreicht sie mit ihren Texten mehrere Millionen Leser.

1931

Anfang des Jahres Rückkehr nach Czernowitz (Rumänien) zusammen mit Helios Hecht, mit dem sie in den Folgejahren zusammenlebt.

1931 – 1936

Gedichtpublikationen in Zeitungen, Zeitschriften, Anthologien, journalistische Tätigkeit, Übersetzungen, gibt Englischunterricht. Anfang des Jahres Rückkehr nach Czernowitz

1934

Mehrmonatiger Aufenthalt in New York zur Vermeidung der Aberkennung der amerikanischen Staatsbürgerschaft.

1935

Trennung von Hecht. Sie bleibt in Bukarest.

1937

Mehrmonatiger Aufenthalt in New York zur Vermeidung der Aberkennung der amerikanischen Staatsbürgerschaft.

1939

Reisen nach Paris und New York. Sie zieht in die Wohnung der Mutter in die Dreifaltigkeitsgasse 12 in Czernowitz. Der Regenbogen, Rose Ausländers erste Buchpublikation, erscheint in Czernowitz im Verlag Literaria.

1940

Czernowitz wird von Soldaten der Sowjetunion besetzt. Im Hitler-Stalin-Pakt war die nördliche Bukowina den Sowjets zugeordnet worden. Die deutsche Bevölkerung wird nach der Besetzung ausgesiedelt. Die zurückbleibenden deutschsprachigen Juden sind erstmals an Leib und Leben bedroht. Etwa 5000 Menschen werden nach Sibirien deportiert.

1941 – 1944

SS-Truppen besetzen Czernowitz. Rose Ausländer wird im Getto der Stadt gefangengesetzt und darf nach Auflösung des Gettos die Stadt nicht verlassen. Zwangsarbeit, Todesnot, Kellerversteck. Sie lernt Paul Celan (Paul Antschel) kennen.

Frühjahr 1944

Im Frühjahr besetzen russische Truppen erneut die Bukowina. Die Überlebenden der jüdischen Bevölkerung werden befreit. Rose Ausländer arbeitet in der Stadtbibliothek von Czernowitz.

1945

Im Dezember Ausreiseantrag nach Rumänien.

1946

Im Juli Ankunft in Bukarest. Im September über Marseille Ausreise nach New York. Die Wiedereinreise wird ihr aufgrund einer Bürgschaft des Ehepaares Königsberg, alten Freunden aus New York, gestattet.

1947

Die Mutter stirbt in Satu Mare, Rumänien Die Nachricht vom Tod der Mutter führt bei der Tochter zum psychischen und physischen Zusammenbruch. Es scheint, als werde der Verlust der Heimat damit endgültig und als brächen die Dämme, die sie gegen das Erinnern an die Shoa in ihrem Gedächtnis errichtet hatte.

1948

Sie erhält erneut die amerikanische Staatsbürgerschaft, die sie bis zum ihrem Tode – ab 1965 in doppelter Staatsbürgerschaft deutsch / amerikanisch – beibehält.

bis 1961

Arbeit als Fremdsprachenkorrespondentin bei der Spedition Freedman & Slater, New York.

1948 – 1956

Rose Ausländer schreibt ihre Gedichte ausschließlich in englischer Sprache. Das Schreiben in ihrer Muttersprache »in der Sprache der Mörder« ist ihr verwehrt. Erst der amerikanischen Dichterin Marianne Moore gelingt es, sie 1956 aus diesem Sprachtrauma zu erlösen.

1957

Von Mai bis November Europareise, zeitweise mit Miriam Grossberg. Drei Treffen mit Paul Celan. Reisestationen: Rotterdam, Paris (und Frankreich), Italien, Griechenland, Spanien, Wien (und Österreich), Schweiz, Paris, Amsterdam.

1961

Am 8. Dezember endet krankheitsbedingt die Tätigkeit bei Freedman & Slater.

1963

Im Mai Reise nach Wien, wo der Bruder und dessen Familie aus Rumänien kommend im Flüchtlingslager eingetroffen sind.

1964

Vierwöchiger Aufenthalt in Israel. Kurze Rückkehr nach New York zur Vorbereitung der endgültigen Übersiedlung nach Wien. Auch in Wien kann sie nicht heimisch werden. Antisemitische Erlebnisse vertreiben sie.

1965

Übersiedlung in die Bundesrepublik Deutschland, nach Düsseldorf. Sie lebt bis 1972 in der Pension Cordes, immer auf gepackten Koffern, bereit, erneut aufzubrechen. Blinder Sommer, Rose Ausländers erste Buchpublikation seit 1939 erscheint in Wien.

1966

Rente und Entschädigung als Verfolgte des Naziregimes.

bis 1971

Zeit des Reisens in Europa. 1968/69 letztmalig für ein Jahr in den USA.

1966

Silberner Heine-Taler von Hoffmann & Campe, Hamburg.

1967

Droste-Preis der Stadt Meersburg.
36 Gerechte

Dez. 1972

Nach einem Unfall pflegebedürftig; Einzug ins Nelly-Sachs-Haus, dem Elternhaus der jüdischen Gemeinde in Düsseldorf.

1974

Ohne Visum

1975

Andere Zeichen

1976

Gesammelte Gedichte
Mit diesem Band beginnt die Zusammenarbeit mit dem Literarischen Verlag Braun, Köln.
Noch ist Raum

1977

Ida-Dehmel-Preis der GEDOK, Andreas-Gryphius-Preis. Letzte öffentliche Lesung anläßlich der Preisverleihung. Zur Eröffnung der Ausstellung »Rose Ausländer« im Heinrich-Heine-Institut, Düsseldorf, verläßt die Autorin letztmalig das Nelly-Sachs-Haus.

Doppelspiel;

Selected Poems

(London, erste Auslandsausgabe)

1978–1988

Bettlägerig. Die Bettlägerigkeit war – zumindest anfangs – nicht medizinisch begründet. Rose Ausländer fiel die Bewältigung ihres Alltagsleben immer schwerer. Dadurch wurden ihre Schreibmöglichkeiten eingeschränkt. Der Rückzug ins Bett entzog sie den Anforderungen des Alltags und verschaffte ihr den Freiraum für ihr Schreiben.

1978

Ehrengabe des BDI.

Aschensommer (erstes Taschenbuch)

Mutterland

Es bleibt noch viel zu sagen

1979

Ein Stück weiter

1980

Roswitha-Medaille der Stadt Bad Gandersheim. Die Zusammenarbeit mit dem S. Fischer Verlag, Frankfurt am Main, beginnt.

Einverständnis

1981

Mein Atem heißt jetzt

Im Atemhaus wohnen

Einen Drachen retten

Rose Ausländer isoliert sich immer mehr. Sie schottet sich gegen die Welt ab, läßt auch Freunde und Verwandte nur noch in Ausnahmefällen zu sich. Es gelingt ihr, die nachlassende Kraft auf das Schreiben der Gedichte zu konzentrieren. »Schreiben ist ein Trieb«, dem sie sich unterwirft.

1982

Mein Venedig versinkt nicht

Südlich wartet eine wärmeres Land

1983

So sicher atmet nur der Tod

1984

Literaturpreis der Bayrischen Akademie der Schönen Künste. Großes Verdienstkreuz des Verdienstordens der Bundesrepublik Deutschland. Die Herausgabe der Gesammelten Werke (GW) im S. Fischer Verlag beginnt.
Hügel / aus Äther / unwiderruflich (GW Band 3)
Im Aschenregen / die Spur deines Namens (GW Band 4)
Letztmalig werden Fernsehaufnahmen von ihr gemacht. Auf die Frage: »Frau Ausländer, was erwarten Sie noch vom Leben?«, antwortet sie: »Ich erwarte nichts. Aber ich lebe gern.«

1985

Die Sichel mäht die / Zeit zu Heu (GW Band 2)
Ich höre / das Herz des Oleanders (GW Band 5)
Ich zähl / die Sterne meiner Worte

1986

Literaturpreis des Verbandes der Evangelischen Büchereien für Mein Atem heißt jetzt
Wieder ein Tag / aus Glut und Wind (GW Band 6)
Die Erde war ein atlasweißes Feld (GW Band 1)
Im Juli beendet die Dichterin ihr Schreiben. »Es ist mir kein Bedürfnis mehr. « Ruhig und gelassen erwartet sie den Tod.

1987

Ich spiele noch
Der Traum hat offene Augen

1988

Am 3. Januar stirbt Rose Ausländer in Düsseldorf im Nelly-Sachs-Haus. Sie wird auf dem jüdischen Friedhof im Nordfriedhof der Stadt Düsseldorf beerdigt.
Und preise die kühlende / Liebe der Luft (GW Band 7)

1990

Jeder Tropfen / ein Tag (GW Band 8)
Mit diesem Band liegt das Gesamtwerk Rose Ausländers vollständig vor.

Primärbibliografie (Auswahl)

1939

Der Regenbogen, Gedichte, Verlag Literaria, Czernowitz

1965

Blinder Sommer, Gedichte, Bergland Verlag, Wien

1967

36 Gerechte, Gedichte, Hoffmann & Campe, Hamburg

1972

Inventar, Gedichte mit 4 mehrfarbigen Siebdrucken von Otto Piene, Guido Hildebrandt Verlag, Duisburg

1974

Ohne Visum, Poesie und kleine Prosa, Sassafras Verlag, Krefeld

1975

Andere Zeichen, Gedichte, Concept Verlag, Düsseldorf
36 Gerechte, 2. Auflage (Neuausgabe), Gilles & Francke Verlag, Duisburg

1976

Noch ist Raum, Gedichte, Gilles & Francke Verlag, Duisburg
Gesammelte Gedichte, Literarischer Verlag H. Braun, Leverkusen

1977

Doppelspiel, Gedichte, Literarischer Verlag H. Braun, Köln
Selected Poems, übersetzt ins Englische von E. Osers, Magazin Editions, London
Es ist alles anders, Gedichte – Auswahl von K. G. Flicker, Pfaffenweiler Presse, Pfaffenweiler
Gesammelte Gedichte, 2. veränderte und erweiterte Auflage, Literarischer Verlag H. Braun, Köln

1978

Mutterland, Gedichte, Literarischer Verlag H. Braun, Köln
Aschensommer, Ausgewählte Gedichte, Deutscher Taschenbuch Verlag, München
Es bleibt noch viel zu sagen, Kassette mit ausgewählten Gedichten, zwei Sprechplatten und einem Malbrief von hap grieshaber, Literarischer Verlag H. Braun, Köln

1979

Ein Stück weiter, Gedichte, Literarischer Verlag A. Braun GmbH, Köln

1980

Einverständnis, Gedichte, Pfaffenweiler Presse, Pfaffenweiler

1981

Mein Atem heißt jetzt, Gedichte, S. Fischer Verlag, Frankfurt/Main

Nacht, Gedichte, Pfaffenweiler Presse, Pfaffenweiler
Einen Drachen reiten, Gedichte, Pfaffenweiler Presse, Pfaffenweiler
Im Atemhaus wohnen, Gedichte, mit einem Porträt von J. Serke, Fischer Taschenbuch Verlag, Frankfurt / Main
Andere Zeichen, übersetzt ins Tschechische von O. F. Babler, vervielfältigtes und gebundenes Typoskript, Olomonc
Schatten im Spiegel, Gedichte in jiddischer Übersetzung von Fred Weininger, H. Leivick Verlag, Tel Aviv

1982

Mein Venedig versinkt nicht, Gedichte, S. Fischer Verlag, Frankfurt / Main
Südlich wartet ein wärmeres Land, Gedichte, Pfaffenweiler Presse, Pfaffenweiler, 1982
Mutterland / Einverständnis, Gedichte, Nachwort von H. Braun, Fischer Taschenbuch Verlag, Frankfurt / Main

1983

So sicher atmet nur Tod, Gedichte, Pfaffenweiler Presse, Pfaffenweiler

1984

Hügel aus Äther / unwiderruflich, Gedichte und Prosa 1966 bis 1975, Gesammelte Werke, Band 3, Hrsg. Helmut Braun, S. Fischer Verlag, Frankfurt / Main
Im Aschenregen / die Spur deines Namens,
Gedichte und Prosa 1976, Gesammelte Werke, Band 4, Hrsg. Helmut Braun, S. Fischer Verlag, Frankfurt / Main
Ich höre das Herz / des Oleanders, Gedichte 1977–1979, Gesammelte Werke, Band 5, Hrsg. Helmut Braun, S. Fischer Verlag, Frankfurt / Main

1985

Die Sichel mäht die / Zeit zu Heu, Gedichte 1957–1965, Gesammelte Werke, Band 2, Hrsg. Helmut Braun, S. Fischer Verlag, Frankfurt / Main
Die Erde war ein atlasweißes Feld, Gedichte 1927–1956, Gesammelte Werke, Band 1, Hrsg. Helmut Braun, S. Fischer Verlag, Frankfurt / Main
Ich zähl die Sterne meiner Worte, Gedichte 1983, Nachwort von R. Hoghe, Fischer Taschenbuch Verlag, Frankfurt / Main
Moederland Woord, Gedichte deutsch / flämisch, übertragen von E. Ottevaere und P. Thomas, Uitgave Sigmnum Kortrik
Festtag in Manhattan, Gedichte, Pfaffenweiler Presse, Pfaffenweiler
Mein Venedig, Gedichte von Rose Ausländer mit Fotos von R. Ruffing, Stütz Verlag, Würzburg

1986

Wieder ein Tag aus Glut und Wind, Gedichte 1980–1982, Gesammelte Werke, Band 6, Hrsg. Helmut Braun, S. Fischer Verlag, Frankfurt / Main

The Poetry of Rose Ausländer, Gedichte deutsch / englisch, übertragen ins Englische von Ingeborg Wald, Tonkassette, processed, edited & duplicated by Calf Audio Inc., Ithaka, New York

Ich zähl die Sterne meiner Worte, Gedichte, Tonkassettenausgabe der Norddeutschen Blindenhörbücherei e.V., Hamburg

1987

Ich spiele noch, Gedichte, S. Fischer Verlag, Frankfurt / Main

Freundschaft mit der Mondin, Gedichte, Edition Toni Pongratz, Hauzenberg

Der Traum hat offene Augen, Unveröffentlichte Gedichte 1965–1978, Nachwort von H. Braun, Fischer Taschenbuch Verlag, Frankfurt / Main

Blinder Sommer, Gedichte, Fischer Taschenbuch Verlag, Frankfurt / Main

Aber vergiß nicht / es gab ja das Licht, Gedichte mit Fotos von D. K. Fröbisch, Deutsche Stiftung Organtransplantation, Neu Isenburg

The Poetry of Rose Ausländer II, Gedichte deutsch / englisch, übertragen ins Englische von Ingeborg Wald, Tonkassette, processed, edited & duplicated by Calf Audio Inc., Ithaka, New York

Einst war ich Scheherezade, Gesammelte Gedichte, Fischer Taschenbuch Verlag, Frankfurt / Main

Und preise die kühlende / Liebe der Luft, Gedichte 1983 – 1987, Gesammelte Werke, Band 7, Hrsg. Helmut Braun, S. Fischer Verlag, Frankfurt / Main

Poems, Gedichte französisch / deutsch, Übersetzung von E. Blüher, Editions URSA-Moulin de Kerar Stang – Le Perret – Baille

Meine Toten schweigen tief, Gedichte mit Fotos von H. Zwi Szajer, Alano Verlag, Aachen

Wärme / Dein Wort, Gedichte mit Fotos von K. Fröbisch, Deutsche Stiftung Organtransplantation, Neu Isenburg

1989

Immer zurück zum Pruth, Ein Leben in Gedichten, Hrsg. Helmut Braun, S. Fischer Taschenbuch Verlag, Frankfurt / Main

AN ARK OF STARS, Poems translated by Ingeborg Wald, Drawings by Ed Colker, Hayburn Press, Cornwell, USA

Momentoj el Eterno – Augenblicke der Ewigkeit, übersetzt in Esperanto von F.-G. Rössler, Bleicher Verlag, Gerlingen

1990

Jeder Tropfen ein Tag, Gedichte aus dem Nachlaß und Gesamtregister, Gesammelte Werke, Band 8, Hrsg. Helmut Braun, S. Fischer Verlag, Frankfurt / Main

Sieben neue Tage, Gedichte und Prosa, Ev. Verlagsanstalt, Berlin (Ost)

1991

Sechs Gedichte, 6 Gedichte von R.A. und 6 Lithographien von Marianne Eigenheer in Kassette, Simon Bauer, Basel

Ich spiele noch, Gedichte, Fischer Taschenbuch Verlag, Frankfurt / Main

Twelve Poems – Twelve Paintings, 12 Gedichte von R.A., 12 Übersetzungen ins Englische von Ingeborg Wald und 12 Lithographien von Adrienne Yarmein, Kassette, Ithaca, New York

Treffpunkt der Winde, Gedichte, Rose Ausländer – Werke, Hrsg. Helmut Braun, Fischer Taschenbuch Verlag, Frankfurt / Main

In der Unendlichkeit der Zeit, Gedichte, Rose Ausländer, Seidenbild von Christine Mayer-Rösch, Peter P. Böhm Verlag, St. Augustin

1992

Gelassen atmet der Tag, Gedichte, Rose Ausländer – Werke, Hrsg. Helmut Braun, Fischer Taschenbuch Verlag, Frankfurt / Main

Hinter allen Worten, Gedichte, Rose Ausländer – Werke, Hrsg. Helmut Braun, Fischer Taschenbuch Verlag, Frankfurt / Main

Ich suche eine Insel, Gedichte mit Fotografien von Dieter H. Fröbisch, Deutsche Stiftung Organtransplantation, Neu Isenburg

Wir wohnen in Babylon, Gedichte, Rose Ausländer – Werke, Hrsg. Helmut Braun, Fischer Taschenbuch Verlag, Frankfurt / Main

1993

Gedichte, mit Druckgrafik von Rainer Langenbrink, Mappe, Köln

Die Musik ist zerbrochen, Gedichte, Rose Ausländer – Werke, Hrsg. Helmut Braun, Fischer Taschenbuch Verlag, Frankfurt / Main

Wir ziehen mit den dunklen Flüssen, Gedichte, Rose Ausländer – Werke, Hrsg. Helmut Braun, Fischer Taschenbuch Verlag, Frankfurt/Main

Ich regne in den offenen/Scharlachmund des Mohns, Gedichte mit Bildern von Heide-Grit Sauer, Ausstellungskatalog, Hrsg. Helmut Braun, Rose Ausländer-Stiftung, Köln

Wir pflanzen Zedern, Gedichte, Rose Ausländer – Werke, Hrsg. Helmut Braun, Fischer Taschenbuch Verlag, Frankfurt/Main

1994

Denn wo ist Heimat, Gedichte, Rose Ausländer – Werke, Hrsg. Helmut Braun, Fischer Taschenbuch Verlag, Frankfurt/Main

Der Mohn ist noch nicht rot, Gedichte mit Grafiken von Georg Koschinski, VHS-Press, Esslingen

Sanduhrschnitt, Gedichte, Rose Ausländer – Werke, Hrsg. Helmut Braun, Fischer Taschenbuch Verlag, Frankfurt/Main

Regenwörter, Gedichte, Hrsg. Helmut Braun, Philipp Reclam jun., Stuttgart

Und nenne dich/Glück, Gedichte, Rose Ausländer – Werke, Hrsg. Helmut Braun, Fischer Taschenbuch Verlag, Frankfurt/Main

Italien mein Immerland, Gedichte mit Bildern von Arno Reins, Ausstellungskatalog, Hrsg. Helmut Braun, Rose Ausländer-Stiftung, Köln

LASTA REVENO – Letzte Wiederkehr, Gedichte in Deutsch und Esperanto, übertragen von Franz-Georg Rössler, Ponto-Verlag, Dudenhofen

Brief aus Rosen, Gedichte, Rose Ausländer – Werke, Hrsg. Helmut Braun, Fischer Taschenbuch Verlag, Frankfurt/Main

Rose Ausländer, Gedichte mit Bildern von Anne-Christine Kalbermatten-Walch, Ausstellungskatalog, Galerie an der Gerbergasse, Sempach (Schweiz)

Mutterland, Ausgewählte Gedichte ins Persische übertragen von Hossain Mansouri, Privatdruck, München

Schweigen auf deine Lippen, Gedichte, Rose Ausländer – Werke, Hrsg. Helmut Braun, Fischer Taschenbuch Verlag, Frankfurt/Main

Ich fliege auf der Luftschaukel Europa – Amerika – Europa, Rose Ausländer in Czernowitz und New York, Ausstellungskatalog, Hrsg. Helmut Braun, Rose Ausländer-Stiftung, Köln

1995

Die Stirne, Gedichte mit Zeichnungen von Dieter Krüll, Ausstellungskatalog, Heinrich-Heine-Institut, Düsseldorf

Im Atemhaus wohnen / eine Menschblumenzeit, Gedichte mit Lithografien von Dirk Hofacker, Vertonungen von Margerete Sorg-Rose, Ausstellungskatalog, Hrsg. Helmut Braun, Rose Ausländer-Stiftung, Köln

W KOTLE CZAROWNIC, Gedichte in Deutsch und Polnisch, übertragen von Gornoslasu Macieru Kultury, Katowice

»Name: Rose Ausländer«, Theaterstück, Gisela Nohl und Bernd Rieser, Rose Ausländer-Stiftung, Köln

Die Nacht hat zahllose Augen, Prosa, Rose Ausländer – Werke, Hrsg. Helmut Braun, Fischer Taschenbuch Verlag, Frankfurt / Main

Blau / eine Fahne dem Wunder, Gedichte mit Bildern von Sabine Waldmann-Brun, Ausstellungskatalog, Hrsg. Helmut Braun, Rose Ausländer-Stiftung, Köln

Gedichte, in Bildern begleitet von Rose-Marie Gericke-Frischeisen, Ausstellungskatalog, AUB GmbH, Üxheim / Eifel

Schattenwald, Gedichte und Gesamtregister, Ausländer – Werke, Hrsg. Helmut Braun, Fischer Taschenbuch Verlag, Frankfurt / Main

The Forbidden Tree, Englische Gedichte, Rose Ausländer – Werke, Hrsg. Helmut Braun, Fischer Taschenbuch Verlag, Frankfurt / Main

Mothertongue, Gedichte ins Englische übertragen von J. Boase-Beier und A. Vivis, Arc Publications, Todmorden, GB

1996

Mutterland Wort. Rose Ausländer 1901-1988, Ausstellungskatalog mit 64 Fotos, 32 Gedichten, 10 Zeittafeln und literaturwissenschaftlichen Beiträgen, Hrsg. Helmut Braun, Rose Ausländer-Stiftung, Köln

1997

COMPTO ELS ESTELS DELS MEUS MOTS, Gedichte ins katalanische Spanisch übertragen von Felin Formosa, Jardins de Samarcanda, Barcelona

Meine liebe Frau Ratjen, Rose Ausländer / Ursula Ratjen, Briefwechsel, Hrsg. Helmut Braun, Rose Ausländer-Stiftung, Köln

Vitr a prach, Gedichte ins Tschechische übertragen von Zlata Kufnerová, Sefer-Verlag, Prag

Unter einem fremden Stern, Gedichte mit Holzschnitten von Alfred Pohl, Pfaffenweiler Presse, Pfaffenweiler

1998

Rose Ausländer, Descontrées de fumé noire, Gedichte in Deutsch und Französisch, übertragen von Michel Lemercier, Liberté Nr. 35, Montreal

Muttersprache – Wen schweigst du, Oper von Dagmar Birke (Konzeption, Textauswahl und Regie) und Catherine Milliken (Musik) nach Texten von Rose Ausländer

Wenn Blumenworte welken, Eine Audiovisuelle- und szenische Collage über das Leben der Dichterin Rose Ausländer, Konzeption und Regie Christine Embert, Stuttgart

Phönixzeit, Gedichte in Deutsch und Ukrainisch, übertragen von Peter Rychlo, Molodyj Bukowynez, Czerniwzi

Es bleibt noch viel zu sagen, Rose Ausländer liest eigene Gedichte, CD, Rose Ausländer-Stiftung, Köln

Sekundärbibliografie (Auswahl)

Braun, Helmut: Das lyrische Werk von Rose Ausländer, in: Kindlers Neues Literatur Lexikon, Band 1, S. 880/881, Kindler Verlag, München 1989

Braun, Helmut: In Memoriam Rose Ausländer, in: Jahresring 1988/89, Deutsche Verlagsanstalt Stuttgart, 1989

Schmitz, Angela: Zeitgeschichtliche Motive im Werk Rose Ausländers. Kontinuität und Wandel. Examensarbeit, 1. Staatsprüfung, Lehramt, Staatliches Prüfungsamt Köln (Prof. Dr. Irmscher), 1990

Keßner, Michaela: Die Lyrik Rose Ausländers. Magisterarbeit (ungedruckt), Ludwig-Maximilian-Universität München, (Prof. Dr. E. Kleinschmidt), 1990

Spörk, Ingrid: Rose Ausländers »Mutterland« in: Die Bukowina – Studien zu einer versunkenen Literaturlandschaft, Francke Verlag, Tübingen 1990

Holzner, Johann: Ikarus-Variationen. Gedichte von Rose Ausländer, in: Die Bukowina Studien zu einer versunkenen Literaturlandschaft, Francke Verlag, Tübingen 1990

Baleanu, Avram Andrej: Das Rätsel Rose Ausländer, in: Hg. Julius H. Schoeps, Menora, Jahrbuch für deutsch-jüdische Geschichte, S. 327–356, Piper Verlag, München 1990

Farese, Guiseppe: Rose Ausländer, in: Poesia tedesca del Novocento, S. 275–280, Giulio Einandi editore, Turin 1990 (Porträt)

Beil, Claudia: Sprache als Heimat – Jüdische Tradition und Exilerfahrung in der Lyrik von Nelly Sachs und Rose Ausländer, Dissertation, tuduv – Studien, Reihe Sprach – und Literaturwissenschaften Band 30, tuduv Verlag, München 1991

Braun, Helmut: Es bleibt noch viel zu sagen – Zur Biographie von Rose Ausländer, in: Rose Ausländer – Materialien zu Leben und Werk, Fischer Taschenbuch Verlag, Frankfurt/Main, 1991

Reiter, Gerhard: Das Eine und das Einzelne – zur philosophischen Struktur der Lyrik Rose Ausländers, in: Rose Ausländer – Materialien zu Leben und Werk, Fischer Taschenbuch Verlag, Frankfurt/Main, 1991

Köhl, Gabriele: Die Bedeutung der Sprache in der Lyrik Rose Ausländers, Dissertation, Centaurus-Verlagsgesellschaft, Pfaffenweiler, 1993

Wichner, Ernest und Wiesner, Herbert: In der Sprache der Mörder – Eine Literatur aus Czernowitz/Bukowina, Ausstellungsbuch, Literaturhaus Berlin e. V., Berlin 1993 (enthält zahlreiche Verweise auf Rose Ausländer, Fotos und Faksimiles)

Kristenssen, Jutta: Symbolik in Rose Ausländers Lyrik im Schatten der Shoah, in: Femte Nordiska Kongressen Judaistik, Lund (Schweden), 10. – 12. Mai 1993 (Vortrag)

Hinck, Walter: »Hoffnung« im Gedicht der jüdischen Lyrikerinnen Hilde Domin und Rose Ausländer, in: Geschichtlichkeit und Gegenwart, Festschrift für Hans Dietrich Irmscher zum 65. Geburtstag, Hrsg. H. Esselborn und W. Keller, S. 314 ff., Böhlau Verlag, Köln 1994

Lutz, Wilfried: Die Lyrik Rose Ausländers im Rahmen der Todesproblematik – Ein motivanalytischer Versuch. Magisterarbeit (ungedruckt), Otto-Friedrich-Universität Bamberg (Prof. Dr. W. Segebrecht), 1994

Bower, Kathrin Maria: In The Name Of The Mother? Articulating An Ethics Of Memory In The Post – Holocaust Poetry Of Nelly Sachs And Rose Ausländer. Dissertation, ungedruckt, University Of Wisconsin – Madison, USA 1994

Braun, Helmut: Rose Ausländer in Czernowitz und New York, in: Ich fliege auf der Luftschaukel Europa-Amerika-Europa, Katalog, Rose Ausländer-Gesellschaft e. V., Düsseldorf, 1994 (enthält auch zahlreiche Fotos und Dokumente zu Rose Ausländer)

Gans, Michael: Vom angeschauten Bild zur metaphorischen Verdichtung. Examensarbeit 1. Staatsprüfung, Lehramt an Realschulen, PH Ludwigsburg (Prof. Dr. H. Vogel), Ludwigsburg, 1995

Schmitz, Birgit: Die Spur der Leiderfahrung in der Lyrik Rose Ausländers, Examensarbeit, 1. Staatsprüfung, Lehramt Sek. II, Staatliches Prüfungsamt Köln (Prof. Dr. P. Pütz), Bonn 1995

Marciano, Federica: »Uno spazio in cui respirare«: Lingua e »Heimat« Rose Ausländer, Magisterarbeit (ungedruckt), Universität von Messina, Italien 1995

Costa, Armin: Das Ethische Seminar in Czernowitz und Constantin Brunner (Text aus einer Veranstaltung zu Rose Ausländer an der Universität Trier), in: Worte / stark wie der Atem der Erde, Kulturverein AphorismA e. V., Trier 1995

Köhl, Gabriele: Rose Ausländers lyrische Landschaften – Darstellung der Heimatlosigkeit und Versuch ihrer Bewältigung, in: Worte / stark wie der Atem der Erde, Kulturverein AphorismA e. V., Trier 1995

Helfrich, Cilly: Es ist ein Aschensommer in der Welt, Biografie, Beltz Quadriga, Weinheim 1995

Vogel, Harald und **Gans, Michael:** Gedichtinterpretationen – Rose Ausländer, Hilde Domin, Schneider Verlag, Baltmannsweiler, 1996

Bender, Hans: Ich habe ein freundschaftliches Gefühl für Sie – Beim Wiederlesen der Briefe von Rose Ausländer, in: Mutterland Wort Rose Ausländer 1901–1988, Katalog, Rose Ausländer-Gesellschaft e. V., Üxheim/Eifel, 1996 (enthält auch 64 Fotos und eine Zeittafel zu Rose Ausländer)

Werner, Klaus: Vom Traumreich nach Kimpolung – Die Bukowina in Rose Ausländers Landschaftsgedicht, in: Mutterland Wort Rose Ausländer 1901–1988, Katalog, Rose Ausländer-Gesellschaft e. V., Üxheim/Eifel 1996

Bower, Kathrin: Vatertreue/Muttertraum: Die Dialektik der Erbschaft in den Gedichten von Rose Ausländer, in: Mutterland Wort Rose Ausländer 1901–1988, Katalog, Rose Ausländer-Gesellschaft e. V., Üxheim/Eifel 1996

Horn, Katalin: Heimat und Identität – Märchen und Märchenmotive in der Dichtung von Rose Ausländer, in: Mutterland Wort Rose Ausländer 1901–1988, Katalog, Rose Ausländer-Gesellschaft e. V., Üxheim/Eifel 1996

Köhl, Gabriele: Der Schaffensprozeß Rose Ausländers, in: Mutterland Wort Rose Ausländer 1901–1988, Katalog, Rose Ausländer-Gesellschaft e. V., Üxheim/Eifel 1996

Rugart, Claudia: Der Holocaust in der Lyrik Rose Ausländer – Genese einer poetischen und poetologischen Auseinandersetzung, in: Mutterland Wort Rose Ausländer 1901–1988, Katalog, Rose Ausländer-Gesellschaft e. V., Üxheim/Eifel 1996

Bower, Kathrin: Aus dem Ärmel der toten Mutter hol ich die Harfe – Das Echo der Mütterlichkeit in Rose Ausländers Dichtung, in: Jüdischer Almanach 1997, Hg. Jakob Hessing, Jüdischer Verlag, Frankfurt/Main 1996

Bleier-Staudt, Elke: Exil und Heimkehr, Rose Ausländer und Hilde Domin – Arbeitsblätter Deutsch, Hg. Klett-Verlag, Stuttgart 1996

Harald Vogel/Michael Gans: Rose Ausländer lesen – Hg. Schneider Verlag, Baltmannsweiler 1997

von Held, Kristina: Evas Erbe, Mythenrevision und weibliche Schöpfung in der Lyrik Rose Ausländers. Dissertation, ungedruckt, Ohio University – Athens, USA 1997

Amon, Maria Denise: Hoffnung und Erinnerung in der späten Lyrik Rose Ausländer. Examensarbeit – Primarstufe (Prof. Dr. Flaschka), Köln 1998

Quellenverzeichnis

Die Zitate aus dem Werk Rose Ausländers sind alle der sechzehnbändigen Gesamtwerksausgabe im Fischer Taschenbuch Verlag, Frankfurt/Main, 1992–1996, entnommen.

Alle herangezogenen Materialien stammen aus dem Nachlaß von Rose Ausländer, der Eigentum der Stadt Düsseldorf ist und im Heinrich-Heine-Institut in Düsseldorf aufbewahrt wird; weiter aus dem Nachlaß von Max Scherzer und der Materialsammlung von Helmut Braun. Alle diese Materialien können über die Rose Ausländer-Stiftung, Eigelstein 131, D-50668 Köln, eingesehen werden.

Die abgedruckten Fotos und Dokumente sind Bestandteil des Nachlasses von Rose Ausländer, des Nachlasses von Max Scherzer (S. 14, 17, 41) und der Sammlung von Helmut Braun (S. 33, 35, 55, 101, 163, 183). Die Publikationsrechte dieser Fotos und Dokumente liegen bei der Rose Ausländer-Stiftung.

Der Autor

Helmut Braun, geboren 1948, lebt seit vielen Jahren in und um Köln. Er ist Beiratsvorsitzender der Rose Ausländer-Stiftung, Köln, Verwalter des literarischen Nachlasses von Rose Ausländer, Verleger, Herausgeber (Gesamtwerk Rose Ausländer u.a.), Autor von Rundfunkbeiträgen und Publikationen in Zeitschriften, Sammelbänden und Ausstellungskatalogen und gestaltete diverse Ausstellungen (Bildende Kunst, Literatur, Geschichte).

Lieferbare Radius-Bücher. Eine Auswahl

Martin Bauschke: Abraham und Aschenputtel
Brückenschlag zwischen Bibel und Märchen
Gerhard Begrich: Alle Winter fluten ins Licht
Einmischung als Lebensmotto
Gerhard Begrich: Gilgamesch. König und Vagant
Peter Bichsel: Möchten Sie Mozart gewesen sein?
Wolfgang Erk (Hg): Für diesen Tag und für alle Tage
Deines Lebens. Ein Brevier
Wolfgang Erk (Hg): Literarisches Geburtstagsbuch
Für heute und morgen. Immerwährender Kalender
Wolfgang Erk (Hg): Viele gute Wünsche. Literar. Annäherungen
Richard Exner: Ufer. Gedichte
Marcell Feldberg (Hg): Tod und Abschied
Texte zur Trauer und darüber hinaus
Traugott Giesen: Tage - Jahre - Leben. Neue Kolumnen
Uwe Grüning: Unzeitige Heimkehr
Vignetten und Lebenslandschaften
Peter Härtling: kommen - gehen - bleiben. Gedichte
Peter Härtling: Schattenwürfe. Gedichte 2005
Peter Härtling: Das Land, das ich erdachte. Gedichte
Gisela und Ulrich Häussermann (Hg): Frauengedichte der Welt
Klaus-Peter Hertzsch: Der ganze Fisch war voll Gesang
Klaus-Peter Hertzsch: Laß uns vorwärts in die Weite sehn
Texte zu meiner Biographie
Klaus-Peter Hertzsch: Sag meinen Kindern,
dass sie weiterziehn. Erinnerungen
Walter Jens: Das A und das O. Die Offenbarung
Walter Jens: Der Römerbrief
Walter Jens: Die vier Evangelien
Walter Jens: Pathos und Präzision. Texte zur Theologie
Walter Jens: Der Teufel lebt nicht mehr, mein Herr!
Erdachte Monologe - Imaginäre Gespräche
Eberhard Jüngel: Anfänger
Herkunft und Zukunft christlicher Existenz
Eberhard Jüngel: Beziehungsreich. Perspektiven des Glaubens
Eberhard Jüngel: Predigten 1 - 6 (Auch einzeln erhältlich)
Eberhard Jüngel: Unterwegs im Kirchenjahr. Festtagspredigten
Otto Kaiser: Jenseits des Nihilismus
Christliche Existenz nach der Postmoderne
Otto Kaiser: Weisheit für das Leben. Das Buch Jesus Sirach
Neuübersetzung und Einführung
Günter Kunert (Hg): Texte, die bleiben. Anthologie der Autoren

Reiner Kunze: Die Aura der Wörter. Denkschrift
zur Rechtschreibreform. Mit einer Zwischenbilanz
Reiner Kunze: Bleibt nur die eigne Stirn. Ausgewählte Reden
Reiner Kunze / Mireille Gansel: Die Chausseen der Dichter
Zwiegespräch über Peter Huchel und die Poesie
Gerd Lüdemann / Martina Janßen: Bibel der Häretiker
Nag Hammadi
Henning Luther: Religion und Alltag
Bausteine zu einer Praktischen Theologie
Kurt Marti: Fromme Geschichten
Kurt Marti: geduld und revolte. die gedichte am rand
Kurt Marti: Die gesellige Gottheit. Ein Diskurs
Kurt Marti: gott gerneklein. gedichte
Kurt Marti: Gott im Diesseits. Versuche zu verstehen
Kurt Marti: Prediger Salomo. Weisheit inmitten der Globalisierung
Kurt Marti: Die Psalmen. Annäherungen
Kurt Marti: Ungrund Liebe. Wünsche - Klagen - Lieder
Gerhard Marcel Martin: Das Thomas-Evangelium
Gerhard Marcel Martin: Was es heißt: Theologie treiben
Ingeborg Ronecker: JerusalemJahre
Ingeborg Ronecker (Hg): SprachLos. Gedichte aus Jerusalem
Martin Scharpe (Hg): Heilige Nacht. Heiliger Tag
Die 100 schönsten Weihnachtsgedichte und -geschichten
Martin Scharpe (Hg): Erdichtet und erzählt I und II
Das Alte / Das Neue Testament in der Literatur
Ute Schönwitz: Immanuel Nast schreibt einen Brief,
aber Hölderlin antwortet nicht. Eine Spurensuche
Friedrich Schorlemmer: Den Frieden riskieren
Sätze und Grundsätze, Pamphlete und Predigten
Volker Sommer: Das grüne All. Ein Poem aus dem Regenwald
Fulbert Steffensky: Schwarzbrot-Spiritualität
Fulbert Steffensky (Hg): Nicolaigasse
Der Pfarrer und das Pfarrhaus in der Literatur
Angelika Stein: Auf der Suche nach Jacques. Erzählung
Angelika Stein: Das erleuchtete Fenster. Erzählung
Angelika Stein: Shiva tanzt. Erzählung
Angelika Stein: Unter dem Auge des Ätna. Begebenheiten
Iwan S. Turgenjew: Mumu. Erzählung
Hanna Wolff: Jesus als Psychotherapeut
Hanna Wolff: Jesus der Mann
Die Gestalt Jesu in tiefenpsychologischer Sicht

Radius-Verlag · Alexanderstraße 162 · 70180 Stuttgart
Fon 0711.607 66 66 Fax 0711.607 55 55
www.Radius-Verlag.de e-Mail: info@radius-verlag.de